在日コリアンが韓国に留学したら

韓 光勲

ワニブックス
PLUS 新書

プロローグ

２０１９年から２０２１年まで、新聞記者として2年半、忙しく働いていた。頭の片隅にはいつも「韓国」があった。K-POPアイドルのライブに行き、韓国ドラマを見て、行きつけの韓国料理屋でヤンニョムチキンを食べる。「韓国」に触れていると、僕の心は癒やされた。

神戸支局に配属され、事件・事故を取材する警察担当の記者として働いた。２０２１年10月、体をこわした。ある日、ベッドから起き上がれなくなったのだ。3年目でいろんな仕事を任せられるようになり、上司の指示を断れない僕に負担が集中していた。10日間の連勤で疲労がピークに。ご飯は喉を通らなくなった。気分は塞ぎ込んでいた。心療内科に駆け込んだ。診断書を出してもらい休職した。

自分の人生をもう一度考え直した。体をこわすほど大変な仕事を今後も続けられるのか。自分はそんな仕事をそもそも続けたいのか。こんな働き方は持続可能なのか。自分を尊重してくれない上司のもとでこれ以上働くのか。答えは「ノー」だった。

「大学院へ行って研究者を目指そう」

週に1回、カウンセリングに通う中でそう考えるようになった。「人生をリセットさせたい」という気持ちもあった。２０２２年7月、記者の仕事を辞めた。「入社して数年で辞める若者」の典型だ。まさか自分がそうなるとは思わなかったが、あの会社に未練はなかった。僕は30歳になっていた。

この本の主人公となる僕自身のことを紹介しよう。名前は韓光勲（はん・かんふん）。１９９２年生まれの在日コリアン三世。大阪市で生まれ育った。父は韓国生まれで、23歳のとき日本に働きにやってきた。母は大阪市生まれの在日コリアン二世。家族の会話はもっぱら日本語だ。

実家は大阪市の繁華街である難波に近く、自分では「都会っ子」だと自負している。２０１６年に大阪大学法学部を卒業し、そのまま大学院に入学。オランダに1年間留学したのち、2019年に大阪大学大学院国際公共政策研究科の修士課程を修了した。大学院ではアメリカと韓国の外交関係について研究した。

新聞社では事件・事故の取材に追われていたが、折を見て韓国に関連した記事をいくつか書いた。入社当初は、将来的には国際報道を担当する外信部に入り、ソウル支局で働きたいと考えていた。体をこわして休職の申し出をしたとき、上司からは「休職しなければ外信部に推薦しようと思っていた」と言われた。「休職したら外信部に行けないのだ」と絶望した。会社を辞め、ソウルで働く夢はついえたかに見えた。

「いや、待てよ」と思った。韓国へ留学すればいいのではないか。会社から行く必要はない。そもそもこの会社で働き続けられないから辞めたのだ。そうだ、個人で行こう。自分でお金を払えばいい。そう考え直した。

韓国の大学院に入学しようとすると大変だろう。彼女は日本に住んでいるし、大学院は日本がいい。大阪市にある大阪公立大学大学院の博士課程に進学することは早々に決めていた。研究分野が一致する先生がいたからだ。

2022年の秋、日本学術振興会から月20万円の研究奨励金をもらえることが決まった。留学資金を確保できた。高麗大学の研究所に所属しつつ、語学堂（語学学校）に通うことを決心したのだった。

体をこわして休職し、一度は目標を失ったかに見えた。会社を辞め、一念発起して30歳での韓国留学だ。新しい人生が始まる。それも韓国で。あのK-POPを生んだ国。面白いドラマや映画を続々と生み出す国。父の出身国であり、母方の祖父母が生まれた国。古い言い方だと「祖国」になるだろうか。

韓国に長く住んだことはない。在日コリアンとして一度は住んでみたいと思っていた。心境の変化もあるだろう。「韓国でやっていけるのか」と不安もあったが、「イチからやってやろう」というワクワク感が勝った。

この本では、僕が約1年間の韓国留学を通じて、見たもの、聞いたこと、感じたことを綴った。「上から目線」の韓国論ではない。あくまで僕という一個人が体験したものを伝えたい。それでは早速、舞台をソウルに移してみよう。

目次

プロローグ 3

第1章 仕事を辞め、韓国へ向かう …… 13

僕と韓国語 14
きっかけはK-POPガールズグループ 17
新聞社での激務 19
『由熙』で描かれた在日韓国人の苦悩 23
大変だった初日 25
韓国系フランス人の同居人 27
語学堂の授業が始まった 28
在外国民の住民登録 32

トウミ（チューター） 34
韓国の大学院での授業 36
食生活 38
韓国語で作文する 42
国立中央博物館 44
旧友と再会 46
授業での発表 49
中間テストの結果 50
同居人に激怒する 53
ある女性との出会い 55

第2章 語学堂が教えてくれた「リスキリング」の楽しさ……57

新居 58
発表当日 59

修了式でのスピーチ　62
テレビ局の取材を受ける　67
国際学会での発表　70
語学堂・6級の授業　78
彼女が韓国に遊びに来る　80
最後のテスト　82
「リスキリング」は楽しい　87
韓国で気づいたこと　90
余談：ボツになったエッセイ　93

第3章　日韓関係のリアル

第3章　日韓関係のリアル……103
「エスパ」の熱狂ライブが映す日韓関係　104
なぜ韓国で『スラムダンク』が大人気なのか　108
政治ばかり見ていると取りこぼすリアルな関係　110

あまりにも似ているソウルと日本　112
日本からやって来たソウル大公園の桜　114
見ていて心配になってくる謎の映画『文在寅です』　117
なぜか文在寅はあまり話さない　120
「空虚な中心」の周りでべらべら話す関係者たち　122
日韓の若者たちは歴史問題をどう語り合ったか　126
原発処理水放出問題についても議論　131

第4章　音楽文化……133

盛り上がった学園祭　134
圧倒的な熱気に支えられている韓国の音楽文化　138
「民主化」したからこそ生まれたK-POP　139
YOASOBIが「韓国の音楽TV番組に出演」の衝撃　141
「日韓関係の最高到達点」と呼ばれた日韓共同宣言　144

第5章　在日コリアンの微妙な立場……147
日本人？　それとも韓国人？　148
韓国人女性の言葉に傷ついた　150
在日コリアンは日本でも韓国でも差別される？　153
「ホームレスは汚い」に痛快な反撃　159
親戚との再会　160
等閑視されている「在日コリアン」という存在　164
チャーシュー丼がこんなにおいしいとは！　168

第6章　大阪に帰りたい……171
1年間留学して改めてわかった僕の本当の居場所　172
深いところからアメリカナイズされている韓国の人々　174
冷戦期から変化していない南北対決の構図　177

日米韓「安全保障枠組み」の強化はなぜ必要か　179
充実していた研究環境　181
ひたすら論文や資料を読み込む毎日　182

エピローグ　186

第1章　仕事を辞め、韓国へ向かう

僕と韓国語

大阪生まれの在日コリアン三世である僕が「韓国に留学したい」と思うようになったのは、いつ頃からだろうか。母方の祖母は1940年代の戦時中、幼い頃に朝鮮半島から日本にやってきた。祖母の父はすでに日本で仕事をしており、家族を呼び寄せた形だった。その祖母から数えて、僕は在日コリアン三世である。

1992年生まれの僕は、「白頭学院建国」という大阪市にある韓国系の小学校・中学校に通った。韓国学校といっても、いわば私立の学校で、日本の教育基本法に則《のっと》った授業を行っている。社会や理科、算数などはすべて日本語で授業が行われる。日本の学校でいう「国語」は「日語」という名前で、日本の「国語」の教科書を使う。この学校でいう「国語」は「韓国語」である。韓国語の授業はほぼ毎日ある。韓国舞踊やテコンドー、韓国の音楽、歴史や地理も学んだ。

小学生のころ、韓国語の授業はあまり好きではなかった。いわば「母国語」と「母語」の狭間で苦しんでいた。今ふり返ってそう思う。

ブリタニカ国際大百科事典によると、母語とは「ある人が幼児期に周囲の人が話すのを聞いて自然に習い覚えた最初の言語」である。一方、母国語とは「自分が生まれた国や所属している国の言語」だ。

僕は日本で生まれ育ったので、母語は日本語だ。日本語のネイティブスピーカーである。でも、韓国籍だから母国（＝韓国）の言語は韓国語である。「在日コリアンは、母国語である韓国語を学ぶべきだ」――。そういう論理で韓国学校は運営されている。

韓国語は、小学生の僕に重くのしかかってきた。韓国語は僕にとっては外国語のはずである。家庭ではずっと日本語を使ってきたし、普段の生活でも日本語を使っているからだ。せいぜい、母親を「オンマ」、父親を「アボジ」と韓国式に呼ぶ程度だ。

それなのに、「韓国語は話せるべきだ」という義務感が襲いかかってくる。なかなか覚えられない単語帳とにらめっこする。勉強していてとても窮屈な思いをした。いつしか、韓国語の授業は苦痛になっていた。定期的にある単語テストは嫌いだった。韓国語に対して苦手意識がついたほどだった。

韓国学校の授業は、「習うより慣れろ」型である。日本語での解説は少しあるが、文法的な解説はほとんどない。韓国出身の先生も多い。とにかく「生きた韓国語」をたくさん聞いて、読んで、それを覚えていくのだ。

そういう授業は僕にとっては苦痛だった。文法の解説を充実させてほしかった。文法的な理解があいまいなまま、授業はどんどん進んでいく。それがもどかしかった。韓国語を掴《つか》もうとしても、掴みきれない。むしろ、どんどん遠ざかっていった。

その韓国学校は幼稚園から高校まである。僕は小学校と中学校を出たが、高校には進学せず、大阪市内にある公立高校に進んだ。

その経緯を少し書いておこう。僕の兄2人と姉は高校まで進んでいるので、周囲からは僕も高校進学をするものだと思われていた。

僕は中学生の頃、バスケットボール部に所属していた。2年生になった時、突然、体育館を使えなくなった。女子バレーボール部が強豪で、その顧問である教頭が僕たちを体育館から追い出しにかかったのだ。バスケ部なのに、運動場で練習せざるを得なくなった。体育館をとり戻すための署名活動やPTAの尽力の結果、週2回は使えるようになったが、以前のように週3回は使えなくなった。この韓国学校の嫌な部分を見た気がした。理不尽な大人のトップダウンでいろいろ物事が決まるのだ。多感な時期だったので深く傷ついた。

中学3年生となり、進学先を迷っているとき、教頭から「大人のささやき」があった。教頭の申し出は「君は成績優秀な生徒なので、当日の入学テストの結果にかかわらず、高校は授業料免除の特待生として迎え入れたい」というものだった。僕はすぐに断った。こういうところが嫌いだったのである。「じゃあ、バスケ部に体育館を週3回使えるようにしてくれ」と思った。「高校には行きません」ときっぱり断った。

日本の公立高校に進学し、韓国語とはもう関わらなくてもよくなった。一種の解放感があった。「韓国語はもう勉強しなくてもよいのだ」と思った。韓国語との縁は切れたはずだった。

きっかけはK-POPガールズグループ

そんな僕がいま、韓国に留学しようとしている。すでに30歳。なぜ、僕は韓国に留学するのか。

２０１６年から２０１７年にかけて、１年間、僕はオランダの大学院（グローニンゲン大学）に留学していた。オランダでは英語をつかって勉強した。大学院の授業のレベルは高く、ついていくので精一杯だった。時にはホームシックにもなった。毎週のように大量のリーディング・アサインメント（読書課題）が課される。英語の本数冊分にも及ぶ課題はとうてい読み切れない。授業前日の深夜、読み切れない課題を前に泣いてしまい、授業に行けない日もあった。

そんなとき、あるK-POPのガールズグループに出会った。

「ＴＷＩＣＥ」（トゥワイス）である。９人組の多国籍ガールズグループ。３人の日本人、１人の台湾人、その他は韓国人メンバーによって構成される。アジア圏を中心に世界的な人気がある。韓国だけでなく、現在は日本での存在感も大きい。

出会いは２０１７年だった。教えてくれたのは、オランダに留学する日本人の男の子だった。彼には韓国人の彼女がいて、K-POPに詳しかった。いざ曲を聴いてみると、すぐにハマった。毎日、ＹｏｕＴｕｂｅで動画を見る日々が続いた。ＴＷＩＣＥの曲から元気をもらい、留学生活をなんとか無事に終えることができた。そこで思いついた。

「韓国留学に行こう」

すぐに、僕は韓国への短期留学を決めていた。「韓国語を学びたい理由はK-POP」という、どこにでもいる大学生の典型だった。

2017年8月、ソウルの漢陽大学に短期留学した。とても楽しい3週間だった。日本から短期留学に来た日本人学生、現地の韓国人の学生たちと毎日ソウルを遊びまわり、大切な友達がたくさんできた。今でもよく連絡を取っている。大学生活のなかでの一番の思い出だ。

新聞社での激務

帰国後、大学院を修了した僕は、毎日新聞社に就職し、記者として働いた。しかし、激務に耐えきれず、わずか2年半で身体をこわしてしまった。複数の上司からの心ない言葉もあった。メンタル不調を経験した。今より15キロも痩せていた。ご飯が喉を通らなくなり、眠れなくなった。

この本を読んでくれている人で、会社の仕事がつらく、夜は眠れない、痩せているといった症状がある人は、躊躇《ちゅうちょ》せず、精神科や心療内科、メンタルクリニックに駆け込んでほしい。診断書をもらえば休職できる。逃げていい。自分を大切にしてほしい。身体をこわしてまで続ける仕事など存在しない。心からそう思う。

9カ月間の休職期間を経て、退職した。半年間はフリーのライターとして活動した。2023年4月からは大阪公立大学大学院の博士課程に進むことになった。留学は2023年3月からなので、大学院入学に先駆けて韓国に行くことになる。

大手の新聞社に入ったのは、一つの夢があったからだ。それは、国際報道をする部署に入って、ソウル支局に赴任することだった。韓国のありのままを報道したかった。新聞社を辞めたことで、人生設計は組み直しを余儀なくされた。

仕切り直しだ。改めて考えてみた。博士課程の3年間は、授業にはほとんど出なくてもいい。博士論文を提出すれば修了できる。それなら、日本にいる必要もないのではないか。実際、僕の友人や先輩は博士課程の間に1年間の在外研究を行っていた。

「韓国に行きたい」

すぐにそう思った。韓国行きを真剣に検討し始めた。語学堂（語学学校）には通いたいが、それだけだと物足りない。研究はしっかり続けつつ、なるべくフリーに動けるようにもしたい。

そんな折、高麗大学の「亜細亜問題研究院」という研究所の存在を知った。高麗大学は韓国の名門大学である。そこでは研究員の肩書がもらえて、研究室のデスクをひとつあてがってもらえる。無給だけど、図書館は自由に使える。

ネットで調べてメールを送ってみた。担当者からすぐに返信がきた。履歴書と研究計画書を送ってほしいとのこと。韓国語で書類をつくった。日本語でまず作成し、それを翻訳していった。翻訳サイトを駆使して、違和感のあるところは自分で直した。韓国出身の父の助けも借りた。

担当者に送ると、やはりすぐに返信がきた。「素晴らしい経歴ですね。研究計画も興味深いです。会議にかけますが、おそらく大丈夫でしょう」とのこと。審査は無事に終わり、２０２３年３月から1年間の「訪問研究員」として採用されることになった。研

所属することになった高麗大学亜細亜問題研究院

究の拠点を確保できた。晴れて、韓国行きが決まったのだった。

研究院に所属しつつ、大学に設置されている語学堂に通うことにした。書類は郵送だった。韓国語のレベルを確認するオンライン面接を受けた。語学堂は一番下のクラスが1級で、一番上は6級だ。

語学堂の面接では「文法も発音も問題ないですね。一番上の6級から始めてもいいですが、久しぶりに韓国語を勉強するのなら、5級からじっくり勉強するのはいかがですか」と言われた。「じゃあ5級からやります」と答えた。一学期は3カ月間なので、半年間は韓国語の勉強に費やす計算になる。「ちょうどいい」と思った。

『由熙』で描かれた在日韓国人の苦悩

韓国留学をする直前、ある小説を読み返した。李良枝（い・やんじ）という在日コリアンの小説家がいる。僕が生まれた1992年に亡くなった。37歳だった。

李良枝は1989年、小説『由熙』（ゆひ）で第100回芥川賞を受賞した。『由熙』の主人公、在日コリアンの若い女性である由熙は韓国に留学するが、韓国語があまり上手でなく、自らのアイデンティティのあり方に思い悩む。物語は、由熙が日本へ帰ってしまう場面から始まる。由熙の住んでいた寮の韓国人女性の視点で、なぜ由熙は帰ることになったのか、その過程が綴られる。

『由熙』を初めて読んだのは、オランダから帰国後の2017年だったと思う。一読して、「自分のことが書かれている」と思った。「母語」である日本語と、「母国語」としての韓国語。その間に挟まれ、自身のアイデンティティに悩む由熙。李良枝自身が25歳からソウルに留学しており、その中での葛藤が作品に込められていた。

ここで重要なのは、李良枝は韓国人女性の視点から由熙を描いていることだ。果たして、僕はそこまで俯瞰《ふかん》的に自分を見ることができるだろうか。韓国人の視点から在日コリアンを描けるだろうか。

そもそも、韓国のことをどれほど知っているだろうか。今の等身大の韓国を知っているか。韓国人を知っているか。小説を読み返し、そう自問自答した。

韓国を、韓国人を知るためには、当たり前だが、韓国に行かなくちゃいけない。それも、なるべく長く。でも、リミットはある。1年間は確保できる。博士課程の後半は博士論文の執筆で忙しいはずなので、最初の1年間を使おうと思った。

韓国ではいろんな所を見て、いろんな人の話を聞きたい。等身大の韓国は、一体どのような姿をしているのだろうか。

大変だった初日

２０２３年３月20日、僕は関西国際空港にいた。飛行機は午後０時55分発。１時間35分でソウル郊外の仁川国際空港につく。ドキドキとワクワクが同時にきた。

どんな生活が始まるのだろうか。良い人に出会えるだろうか。この１年間で、頭をとにかく切り替えたい。仕事をしていた頃の辛い思い出を消し去り、新しい思い出で頭を埋め尽くしたい。有意義な１年にしたいと思う。

飛行機の中ではずっと寝ていた。ＬＣＣなので席は狭いし、姿勢はほぼ直角。窮屈な格好で寝た。

仁川空港に到着し、ソウル市内へ行くバスに乗る。高麗大学まで直行するバスがある。グーグルマップで検索すると、出発は約３時間後だ。スーツケース２個の荷物が重いので、電車を乗り継いで行きたくはない。バスにしようと思い、空港で約３時間待つことにした。

この選択は失敗だった。午後６時発の高麗大学行きに乗ったはずだが、いつまでたっても高麗大学に到着しない。後で気づいたのだが、高麗大学の最寄りのバス停を見逃してしまったようだった。気が付けば終点のバス停。すでに7時半。仕方なく降りて、タクシーで大学へ向かった。

最初の3カ月は、語学堂に通う学生のための寮に住む。語学堂の前に寮があると聞いていたので、とりあえず語学堂まで乗せてもらった。でも、そこに寮はなかった。地図を見ると、少し坂を登ったところに寮があるようだった。

合計50キロのスーツケース2個を引いて、坂を登った。キツい。なんとか寮っぽいものについた。いろんな棟がある。僕の住む寮の名前がわからない。管理人のおじさんがいたので質問すると、「前の建物の左だ」と言われた。

「フロンティア館」という名前の寮だ。ようやくたどりついた。もう夜の8時半。結局タクシーに乗るなら、空港での3時間のタイムロスは意味がなかったと後悔した。

あれ、寮の受付には誰もいない。今日は入寮できないのかも……。

そう思ったのもつかの間。午後9時までは受付の休憩時間のようだった。9時になり、守衛のおじさんがやってきて、その案内で部屋に入ることができた。

韓国系フランス人の同居人

部屋に入り、荷物を棚に入れていると、同居人が帰ってきた。フランス出身で、両親が韓国人だという男の子。名前は「ジム」という。19歳。若い。

韓国語は全然話せないみたいなので、英語で話した。パリは一度行ったけど、そのときは英語が全然通じなくて困った思い出がある。英語で話そうとすると「ノーイングリッシュ」とか言って制してくるのだ。フランス人はフランス語に高いプライドを持っているが、この男の子は英語が上手だ。

ジムくんは去年、ビジネスを専攻する大学に入ったが、なんとなく合わずにやめたらしい。新しい大学では「情報科学」を専攻するという。フランスの大学が始まるのは9月。時間ができたので、それなら両親の出身である韓国で3カ月だけ語学を勉強してみようと思ったらしい。自分の希望もあるし、両親の希望もあったという。

「初めての韓国はどう?」

「フランスと全然ちがうね。僕は韓国文化のことは全然知らないし、K-POPやドラマに興味があるわけではないんだよね。『ニセの韓国人』だよ。顔は韓国人だけど、フランス人として育ったから」

なるほど。面白い。こう返した。

「こうやって話すのは面白い。僕は日本で生まれ育って、親が韓国人。君はフランスで生まれ育って、親が韓国人。似ているね。話を聞くのはすごく面白いよ」

語学堂の授業が始まった

到着して翌日、早速授業があった。朝は7時半に起き、教科書が売っている大学の書店に向かった。場所が分からず、通りがかりの男子学生に聞いた。無事に教科書をゲットして、授業へ。授業は毎朝9時に始まる。

初めての授業は「ボランティア活動」に関する内容だった。クラスは12人。出身は中国、ロシア、フィリピン、モンゴル、ベトナム、日本。多国籍だ。

授業は4時間ある。2時間ごとに先生が変わる。どちらも女性だった。ゆっくり話してくれるし、優しそうで、授業もわかりやすかった。

5級のレベルは、自分によく合っていると思った。ちょうど知らないレベルの単語や表現がたくさん出てくる。ちゃんと復習して使えるようにしたい。教科書をしっかり音読して、表現を覚えていこうと思った。

この日の昼ごはんは、学食でピビンパを食べた。7200ウォン。日本円で800円くらいか。プルコギがのっているピビンパだ。石焼きピビンパ。おいしい。きゅうりの冷製スープと、カクテキ（大根のキムチ）も食べた。付け合せは取り放題。韓国スタイルだ。

授業はテキストに沿って進んでいく。テキストは10課構成なのだが、10課の「歴史」は飛ばすのだという。先生は次のように話した。

「このクラスにはいろんな国の人がいます。歴史の問題では、韓国は他国といつもケンカしていますよね。だから、5級では歴史を扱いません。韓国の見方を教えても、その国によって異なる見方があるからです。そのかわり、1945年以降の現代史は6級のクラスで勉強します」

韓国の近現代史をめぐる歴史認識問題を「ケンカ」でまとめていいのだろうかと疑問に思ったが、語学堂全体の方針らしいので仕方ない。6級では歴史を学ぶらしいので、おとなしく従うことにした。

授業は平日の月曜日から金曜日まで、毎朝9時から始まる。僕は毎日30分以上早く教室へ行って、授業前に勉強することにした。

翌日、8時半ごろに教室へ行くと、誰もいなかった。教室は語学堂のある「韓国語センター」の2階にあり、2階にはカフェが併設されている。僕はほぼ毎日、このカフェで「アイスアメリカーノ」を買っていた。

その国によって、おいしいコーヒーの種類はちがう。日本はカフェラテがおいしい国だと思う。オランダは乳製品が有名な国なので、カプチーノがおいしかった。

韓国は、アイスアメリカーノがおいしい。水にエスプレッソを溶かした薄いアイスコーヒー。これがクセになる。みんな飲んでいる。外国に来ると、食べるものや飲むものが固定化する。アイスアメリカーノはすぐに定番になった。定番が増えていくのは嬉しいものだ。

毎朝、教科書の単語を覚えた。単語カードを作って覚えることにした。知らなかった単語を単語カードにひたすら書いていく。単調な作業だが、これも「上級への一歩」だと思い、続けることにした。語学の勉強ではこういう地道さが大事である。

クラスの授業の合間に、クラスメートたちと話し込んだ。

ひとりは中国人留学生。19歳の女性。深圳出身。海外の大学に行きたいと思っていて、自分の通う高校に高麗大学が宣伝にきたことが韓国に来るきっかけになった。K-POPやドラマが主要なきっかけではない。２０２２年9月に韓国に来た。ワンルームに住んでいて、語学堂からは歩いて30分くらいのところに住んでいる。自分で料理もする。好きな韓国料理はプルコギやチキンだという。

もう一人は、モンゴル出身の25歳女性。韓国に来て1年がたつ。1級から勉強を始めて、いまは5級で学んでいる。昔から韓国文化が好き。とくに韓国の時代劇が好きでよく見るという。K-POPも大好きで、ＭＡＭＡＭＯＯ（ママムー）の大ファンだ。韓国でコンサートに2回行ったらしい。ドラマをよく見ていたから、韓国語のリスニングは得意だったが、読んだり書いたりするのが苦手だった。大学はカナダで卒業。韓国は食事が充実しているから住みやすいという。

日本から来た女性もいる。兵庫県出身の22歳。韓国にはずっと留学したかったという。ドラマが好きで韓国に興味を持った。韓国人の彼氏がいる。彼氏は日本に住んでいる。韓国語は大学の授業やドラマで勉強してきたという。仲良くなれそうだと思った。

在外国民の住民登録

韓国に到着してから、すぐに必要だと気づいたのは住民登録である。韓国では、日本でいう「マイナンバーカード」のような「住民登録証」が国民に発給される。韓国ではこの住民登録証が身分証明書になる。別名で「身分証」とも呼ばれている。日本では学生証や運転免許証も身分証になるが、韓国ではこの住民登録証しか身分証として認められない。銀行口座を開くにも、携帯電話を契約するにも、この住民登録証が必要になる。あらゆる手続きに紐《ひも》づけられているのだ。

韓国に着いてすぐ、住民登録証を持っていなかったために苦労した。住民登録証が無ければ、文字通り何もできないのだ。オンラインチケットの購入もできない。スマホの契約もできない。とにかく不便だった。

　僕のような「在外国民」が韓国に31日以上滞在する場合、かならず住民登録をしないといけない。住民登録をして、身分証をゲットして初めて、携帯のＳＩＭカードを契約できる。全くの外国人であれば、ビザや外国人登録証明書を見せれば携帯番号をゲットできる。なのに、在日コリアンは住民登録証がないと契約できない。在日コリアンという立場ゆえの難しさを感じた。

　行政手続きをする「住民センター」に行った。「住民登録をしたい」と申し出ると、「いままで住民登録をしたことがないのですか?」と驚かれた。この時行ったのは、実は隣の区の住民センターで、「あなたが手続きをするのはここじゃない」と言われた。かなり適当な対応をされて、外国人用の書類を渡された。外国人じゃないのに。「韓国籍だぞ」と思ったが、何も言わなかった。

　僕の住む安岩洞（アナムドン）の住民センターに向かった。こちらは丁寧な対応だった。ベテランの人が対応してくれた。寮で書類を発行してもらわないといけないらしい。

写真も2枚必要とのことだ。この女性職員はすごく親切な方で、その後も何度かお世話になった。

韓国政府は在外国民の現実を想定していないと思った。発行までに1カ月かかるというし、それによって受ける不利益は大きい。これが、在日コリアンが韓国に住むということだ。その煩雑さはある程度受け入れないといけないのだろう。

外で携帯が全く使えないのはさすがに不便なので、中国系資本の携帯会社「チング通信」でポケットワイファイを契約した。1カ月で約4500円だった。

トウミ(チューター)

語学堂には「チューター」の制度がある。韓国人の学生とマッチングしてくれて、その学生が生活面で助けてくれるというものだ。韓国語で「トウミ」という。「手助けしてくれる人」という意味だ。

4月3日、トウミの子とご飯を食べた。ユンシクくんという男の子だ。

いろんな話をした。ユンシク君は日本のアニメが好き。僕は残念ながら、アニメを全然知らないので、あんまり話ができなかった。日本の小説家も好きらしく、夏目漱石や芥川龍之介、村上春樹、東野圭吾らの作品を読んだらしい。

僕は、韓国の映画やドラマ、K-POPが好きだと言った。「映画は誰が好きですか？」と聞かれたので、「あの、ナップンノム（悪いやつ）だけど、ホン・サンス監督」と答えた。ホン・サンス監督は不倫が大きく報じられていたので、韓国ではすごく「悪いやつ」として扱われている。実際、私生活はろくでもないのだろうが、映画は面白い。カメラの使い方がすごく変わっていて、見ていて面白いのだ。

「ポン・ジュノ監督は昔からすごく好きですよ」とも答えた。ポン・ジュノ監督の映画はどれも面白い。僕は『パラサイト』（2019年）でアカデミー賞を受賞する前からずっと好きだ。特に『殺人の追憶』（2003年）と『グエムル』（2006年）が名作だと思う。これまで全く見たことのない人、『パラサイト』しか知らないという人にはこの2作をおすすめしたい。

韓国の大学院での授業

高麗大学の亜細亜問題研究院では、李炯植（イ・ヒョンシク）教授が渡韓前からいろいろと世話を焼いてくれた。最初にメールを返してくれたのも李先生だった。

李先生に挨拶に行くと、研究所の案内をしてくれた。図書館を見せてくれたあと、僕が使う研究室の説明をしてくれた。研究室はけっこう広い空間に机が5つ置かれている。ほかに使う人はいない。僕以外に「訪問研究員」がいないからだ。日本で言うところの期限付きの「客員研究員」である。この部屋を独占できたのは好都合だった。

李先生のゼミの授業に出ることになった。朝鮮総督府の総督だった軍人の宇垣一成（1868－1956）の1930年代の日記を読む授業だ。一回の授業で8カ月分の日記を読む。文語体なので、読みこなすのにはけっこう時間がかかる。

次の授業にむけて、1934年の日記を読んだ。なかなか面白い。要するに「戦間期」だ。第一次世界大戦終結後から第二次世界大戦が始まるまでの時期。「ワシントン軍縮条約」とか「ロンドン海軍軍縮条約」とかがもうすぐ破棄されようとしている時期だ。

研究所の研究室

日記は、宇垣一成の心情がつぶさに描写されていて面白い。

　ゼミの授業では毎回、2人が発表する。高麗大学の大学院生がつくるレジュメはすごく充実していて驚いた。日本の大学院よりレベルが高いと思った。授業評価が厳密になされているらしくて、それでちゃんと毎回の授業を頑張るらしい。

　授業で読む日記は日本語だが、議論はすべて韓国語である。韓国語での議論は途中で集中力が切れてしまい、ついていけない時もあった。でも、なんとか頑張って、何かしらの発言をした。これで十分だ。議論のすべてがわからなくても、キーワードだけは聞き取り、質問をするように心がけた。

初回の授業が終わると、ヘトヘトになった。頭がぼうっとした。脳みそに酸素が足りなくなった。糖分も足りていない。家に帰り、ベッドに倒れ込んだ。チョコのお菓子を食べながらカフェオレを飲み、彼女と電話した。少しましになった。これからついていけるのか不安だが、なんとか頑張っていきたいと思った。

食生活

留学開始当初、よく通ったのは定食屋チェーン店の「キンパ天国（チョングク）」である。寮から歩いて10分のところにあった。

どんなメニューがあるかというと、まずはもちろんキンパ（韓国風海苔巻き）。普通のキンパ、キムチキンパ、チーズキンパなど、6種類のキンパがある。

つぎは「トンカツ類」。普通のトンカツ、スペシャルトンカツ、チーズトンカツがある。「軽食類」としては、カルククス（韓国のうどん）、おでん、トック（餅）スープ、ラー

キンパ（韓国風海苔巻き）

メン、トッポッキ。ほかに「食事類」として、スンドゥブ、キムチチゲ、テンジャンチゲ（みそ汁）、チャーハン、オムライスがある。メニューは豊富だ。

初めて行った日は「オルクンカルククス」を注文した。カルククスは、うどんのような麺。辛いスープに野菜が入った麺がでてきた。「サジャンニム」（店主）に聞くと、「オルクン」は「辛い」という意味らしい。「辛くないのにしてって言ってくれたら、辛くないのもできるよ」とのことだった。

値段は手頃だ。キンパは3000ウォン。僕が食べたカルククスは8000ウォン。合わせて11000ウォンなので、だいたたい1000円と少しか。これでも、かなり高くなった。僕が短期留学に来た2017年と比べて、物価は1・5倍くらいになっていると思う。

いまはまだ日本と韓国の物価はそんなに変わらないから、韓国は旅行しやすい国である。これがあと10年もしたら、韓国のほうが、物価がはるかに高い国になるかもしれない。韓国は物価が上がっている分、賃金も上がっているようである。実はすでに、韓国は平均賃金などで日本を上回っている。1人当たりのGDPは2018年に日本を追い抜き、その差は広がっている。2021年の平均賃金は、日本は4万8849ドルで、韓国は4万4813ドルだ（https://www.nhk.or.jp/kaisetsu-blog/900/473324.html）。

僕は、韓国が物価も賃金も安かった時代を知っているので、現状には驚いてしまう。時代は変わるものだ。韓国は変化の激しい国だ。それにしても、日本はほんとうに時間が止まっている。最近ようやく物価が上がり始めたけど、賃金の伸びがあまり追いついていないから、なかなか大変だ。

「キンパ天国」は3日連続で通うと飽きてしまった。チェーン店特有の味というのか、代わり映えしない味に飽きたのだ。

3月27日、ソルロンタン（牛骨スープ）の店に来た。「トンウソルロンタン」というお店。名店らしい。一昨日来ようとしたら、スープが切れていて入れなかった。いつ見ても人が多い。ソルロンタンは1人前10000ウォン。1円＝10ウォンとしたら、1000円だ。スープとご飯はおかわり自由だ。

この日は店に入れた。入口のところで待っていても、店員さんは来てくれない。こちらを一瞥《いちべつ》するのだが、お皿を下げるのに忙しそうで、案内はしてくれないのだ。そのまま突っ立っていたら、ようやくこちらを見て、「そこに座って」と席を指差してくれた。あとで気づいたが、韓国のお店では、自分でどんどん勝手に席に座っていく。あとから入ってきた人たちはそうしている。今後は僕もそうしよう。

ソルロンタンが到着した。真っ白のスープに、スライスされた牛肉。ご飯も最初から入っている。そこに、そうめんのような麺を自分でいれる。一口食べてみると、味がしなかった。すぐにテーブルに置いてあるコショウ、塩、にんにくをいれた。味付けは客に任されているのだ。

ネギがたくさん入ったザルも運ばれてきた。キムチも食べ放題である。ネギとキムチをスープにたくさんいれた。これでようやく、それっぽい味がした。日本で食べるソルロンタンは初めから味がしているし、もう少し脂っこい。この店のソルロンタンは本当にそのままのスープの味だけで、あっさりしている。脂は全然ない。これが本場の味か。健康的だ。この店にはけっこう満足した。

韓国語で作文する

韓国語の授業は毎日淡々と進んでいった。授業の宿題のほかに、自主的に韓国語で作文をしようと思い立った。早速、1本書いてみた。できるなら語学堂の先生に見てほしいなと思い、担当のヒョンジュ先生に頼むと、快諾してくれた。

先生に、韓国語で書いた作文をカカオトークで送った。1本目を午後4時前に送ると、8時前に添削されて返ってきた。仕事が終わってから返信をしてくれたのだ。ありがたいことこの上ない。ちょこちょこ間違えていたので、修正しよう。そして、その文章を覚えよう。これはかなり力がつきそうだ。

先生には3カ月間で10本くらいの作文を送った。僕がなぜ韓国に留学するようになったのかとか、K-POPアイドルが学習者に与える好影響とか、その時々で思いついたテーマで作文を書いた。先生は「いい内容ですね」と褒めてくれた。

語学堂の先生は「時間講師」である。午前9時から午後1時まで授業をしたとすると、その4時間分は時給制だ。実は、僕が作文の添削をお願いしていた夜の時間は、先生にとっては時間外勤務になる。このことは後で知った。

作文を毎回見てくれたヒョンジュ先生には感謝してもしきれない。本当にありがたかった。おかげで作文への苦手意識が薄らいだ。「どんどん書いていけばいいのだ」と開き直ることができた。

外国語学習で大事なのは、この「開き直り」である。日本の人はシャイな人が多いので、恥ずかしがって、「間違えてもいいや」と開き直ることがなかなかできない。僕も同様に、やっぱり間違うのは恥ずかしい。

外国語学習ではシャイな性格は不利である。いくらでも間違えていいし、間違いは教室で修正してもらえばいいのだと開き直った方が、上達が早い。あまり間違いばかりなのも考えものだけど、間違いを気にして話さないよりはずっといい。僕はオランダでこのことを学んだ。いろんな国から来た人々の英語を聞いて、「文法的には間違っているな」と思うことがよくあった。それでも、聞いている周りの人は特に気にしないし、会話は成立する。前置詞が少し間違おうが、「三人称単数現在形のｓ」が抜けようが、誰も気にしない。「それならどんどん話していこう」と途中で頭を切り替えた。留学から半年以上たってからのことだった。そこからは臆せずに英語を話すようになった。

こういうマインドを持っていたので、韓国語の授業では誰よりも先に発言した。質問もよくした。かなり積極的な学生だったと思う。

国立中央博物館

4月中旬、授業の一環で国立中央博物館に行った。国宝がずらりと並んでいて、迫力があった。一番良かったのは映像展示。朝鮮時代の絵画をもとにしたアニメーションが上映され、まるでタイムスリップしたかのような感覚になった。

学生はグループにわかれて、自分の担当する時代の展示物を説明した。僕は朝鮮時代後期、17～18世紀の白磁を担当した。説明はうまくいったと思う。月のような形の白磁、「タランアリ」について説明した。

博物館の見学がおわり、10人で昼ごはんを食べに行った。梨泰院（イテウォン）に行った。日本、中国、ロシア、インドネシア、モンゴルの学生らと、メキシコ料理を食べた。

お腹いっぱいになったあと、サーティーワンアイスクリームへ。韓国では「ベラ」と呼ばれている。正式名称である「バスキンロビンス」を韓国語風に発音した「ベスキンラビンス」の略語だ。僕は「オンマ（お母さん）は外国人」味と「恋に落ちたイチゴ」味のアイスクリームを食べた。アイスカフェラテも飲んだ。

カラオケにも行った。ａｅｓｐａ（エスパ）やＩＶＥ（アイヴ）、ＩＵ（アイユー）の曲を歌った。

それにしても、みんな若い。19歳から20代前半だ。30歳の僕とは年齢差を感じる場面もあったが、韓国語を勉強するというモチベーションは同じだし、Ｋ-ＰＯＰはみんな好きだし、けっこう仲良くなれたのだった。

旧友と再会

同じころ、旧友に再会した。２０１７年に短期留学していたときに出会った友達、１歳年下のアン・ホジュンくんである。彼とは当時、２人部屋のルームメイトで、毎日夜遅くまで喋っていたのが思い出だ。

ホジュンが高麗大学の近くまで来てくれた。一緒に焼肉を食べた。ラム、牛肉、豚肉を食べた。ふたりで６０００円くらいだった。お腹いっぱいになった。

僕はお酒をやめている。だから、ホジュンだけがお酒を飲んでいた。

「ええ、ヒョン（兄さん）、お酒をやめたの？　あんなに好きだったのに」

「そうそう。体をこわしたからね。今でも薬は飲んでいるし、お酒は健康に悪いから」

焼肉屋を出て、カフェ「コーヒービーン」へ。この店は定番になりつつある。アイスのカフェラテを飲んだ。甘くておいしかった。

共通の友人、スンジンの話になった。僕とホジュン、スンジンは3人で何度か旅行をした。平昌五輪（2018年）も一緒に行ったし、僕が親戚に会いに行くときもついてきてくれた。

スンジンは2022年6月に亡くなった。まだ20代半ばだった。

「スンジンの話だけど……。原因は事故、交通事故とか？」

「うん、まあ、それと似たようなものですよ」

ホジュンはちょっとはぐらかした。僕もそれ以上は聞かなかった。聞いても仕方ない。事情を詳しく聞いても、スンジンはもう戻ってこないのだ。

優しい男の子だった。人懐っこくて、いつもニコニコしていた。おしゃれでカッコ良かった。サマースクールでは日本人の女の子からモテていたが、日本語があまりできないので困っていた。その様子が見ていて面白かった。

僕のことを「ヒョン」と呼んでくれて、なついてくれた。かわいかった。サマースクールがきっかけとなり、日本に留学もしていた。

ホジュンは「ナプコルダンに行きましょうよ」と言った。僕はその単語の意味がわからなかった。「わからない」という顔でホジュンの顔を見ていると、ホジュンは「ああ、スンジンがいるところですよ。骨。骨。骨があるところ」といった。

僕は「ナプコルダン……。ああ、納骨堂か」と理解できた。「納骨堂」という単語を知らなかったのは悔しかったが、それ以上に、この単語を覚えるきっかけになったスンジンの死が悲しかった。

納骨堂を想像してみると、涙が出そうになった。僕より4歳年下だった。ソウルからは車で1時間半のところにあるらしい。スンジンの故郷だ。

「今度、僕が車を出しますから、一緒に行きましょうよ」

「うん、行こう」

僕はまだ、スンジンがこの世にいないということに向き合えていない。いつか、ひょっこり「ヒョン、ヒョン」と言いながら会えるような気がしてならない。本当にもういないのか。それが本当なら、すごく悲しいことだ。でも、本当なのだと思う。もう彼には会えないのだ。

授業での発表

5級の授業では、発表の課題がある。一人1つ、何かしらの「モノ」を選んで、その由来、語源、起源、歴史、韓国への伝播過程について発表するのだ。

僕は、「トウガラシ」について発表することにした。トウガラシはどこが原産地で、どのように世界に広がって、いまの韓国ではどのように使われているのか。このテーマについて発表することにした。

少し調べると、トウガラシは南米原産で、15世紀にコロンブスが持ち帰ったらしい。韓国では料理にトウガラシがよく使われているのは言うまでもない。韓国の例も挙げやすいし、歴史もハッキリしている。いいテーマだと思った。

コロンブスが15世紀に持ち帰ったトウガラシは、ヨーロッパ各地で人気の食材になった。栽培しやすく、肉や魚によく合う香辛料だったからだ。韓国には、16世紀から17世紀のあいだにトウガラシがやってきたと考えられている。日本から伝播したという説が有力だ。

キムチにトウガラシを使うという記述は、１７６６年の本にようやく出てくる。キムチにトウガラシを使うようになったのは、18世紀になってからなのだ。トウガラシを使ったキムチには、２５０年くらいの歴史しかない（山本紀夫『トウガラシの世界史 辛くて熱い「食卓革命」』中公新書、２０１６年／松島憲一『とうがらしの世界』講談社選書メチエ、２０２０年）。現在のキムチの歴史が意外と浅いことに驚いた。

中間テストの結果

４月後半、中間テストがあった。

テスト当日。１時間目は自習時間だ。教科書を読んで復習した。音声を聴きながら、ぼそぼそと声に出しながら復習をした。いわゆる「シャドーイング」という手法だ。僕はこれが一番頭に入る。

２時間目はライティングの試験。これまでに習った内容の反復だ。そんなにひねった問題ではない。時間ギリギリまで記入して終了。それなりにできたと思う。

ロッテワールド

3時間目は面接試験。「ある大学のスポーツマーケティング学科の入試を受ける」という設定で面接をした。質問にはうまく答えられたと思う。

中間テストの2日目はリーディング、リスニング、スピーキング。スピーキングはすこし緊張した。これで終わり。なんだかスッキリした。テストって案外悪くない。

結果はすぐに返ってきた。テストの点数はクラスで一番だったようだ。嬉しかった。こういう達成感と充実感は久しぶりだ。「もっと頑張ろう」と気を引き締めた。

4月末、語学堂の授業の一環として、遊園地に行った。ロッテワールド。遊園地はかなり久しぶりに来た。みんなはしゃいでいたけど、マイペースに過ごすことにした。絶叫系のアトラクションは得意じゃないのだ。

午前9時40分に集合して、遊園地は10時から営業開始だ。僕は入場してすぐ、カフェに行った。はしゃぐと疲れるだけだ。日本人の友達とおしゃべり。その子も絶叫系が好きじゃないという。小一時間話して、「さすがに何か乗るか」となり、空中ブランコに乗った。これが意外と楽しかった。空中ブランコくらいがちょうどいい。

昼ごはんはトンカツを食べた。食堂はトンカツかジャージャー麺の2択だった。韓国ではトンカツが大人気だ。僕はトンカツを選んだ。分厚くてジューシーだった。

午後2時過ぎに遊園地を後にした。帰り際、最寄り駅の近くにある屋台でプンオパン(たい焼き)を買った。「パップンオパン、セマリ(あずきのたい焼き、3匹)」と注文。3つで1000ウォン(約100円)だ。いつもアツアツを入れてくれる。カリカリでおいしい。

外国で生活していると、ひとつひとつ、こうした「定番」が増えていく。習慣、ルーティンと言ってもいい。「定番」がどんどん増えていって、その国のことが立体的に分かるようになっていくのだ。

韓国にいる1年間のうちに、こういう具体的な体験をつみあげていきたい。1年間が終わり、日本に帰る頃には、韓国がもっと身近で、立体的で、具体的で、この手で実際に掴めるようになっているはずだ。

同居人に激怒する

寮生活にも慣れてきたころ、一緒の部屋に住んでいるフランス人、ジムくんが深夜に帰ってきたことがあった。3時ごろだった。玄関の明かりは人の気配を察知すると勝手につく。僕は目を覚ましてしまった。さすがに怒ることにした。

「午前1時から6時までは家に帰ってこないでほしい。玄関の明かりで起きてしまうから。ナイトクラブに行くのはもちろん自由だよ。でも、君は1人で住んでいるんじゃない。僕らは2人で住んでいる。こんな時間に帰ってくるのなら、6時以降の朝に帰ってきてほしい」

「わかった。そうするよ。ごめん」

こんなやり取りをした。ジムくんは驚いたようだった。たしかに、彼はまだ19歳。一方の僕は会社員経験もある30歳。いきなり怒られて怖かっただろう。ただ、睡眠を邪魔されるのはストレスなので、やむを得なかった。

彼はそれ以降、深夜に帰ってくることはなかった。そのかわり、午前1時ギリギリによく帰ってきた。それも若干迷惑なのだが、気にしないでおいた。

5月ごろになると、少しずつ授業のペースにも慣れてきた。韓国に来る前、毎日4時間の授業を自分がこなせるのか、不安だった。自信がなかった。身体をこわして体力がなくなっていたからだ。たしかに、最初の2週間くらいはけっこう疲れていたが、だんだん慣れていった。

そもそも、毎日4時間の授業は他の人にとってもキツいことがわかった。大学を卒業したての日本人の友達も「毎日はしんどい」と話していた。

夜は午後10時に寝て、朝は午前7時に起きるという生活リズムも整った。自信がついた。僕はやれるのだ。会社の労働環境が悪かっただけで、自分は悪くなかった。置かれた環境がきちんとしていたら頑張れるのだと自信になった。

ある女性との出会い

5月初め、たまたま知り合った韓国にルーツをもつ日本人女性と、ごはんを食べる機会があった。

その女性は、50歳で一念発起しての韓国留学だという。母親が在日コリアンだった。その女性は日本国籍を取得している。小さいころから、「在日コリアンというルーツを持つことにはいい思い出はなかった」という。

初めて韓国に行ったのは30年前。母親が亡くなり、祖母とともに初めて韓国の地を踏んだ。その時は「韓国にはいい印象を持たなかった。もう来たくないと思った」という。たしかに、当時の韓国はいわば「開発途上国」で、いまのような洗練された姿とは全然違ったはずだ。

それでも、「遠ざけようと思うほど、向こうから近づいてきた」のが韓国だった。2

000年代中盤から10年間、映像レンタル業界で働いていた際は、韓国ドラマの輸入を担当した。韓国人と知り合う機会も多かった。イメージが変わりつつあった。

そして、転機が訪れた。ある手術をした。すると、末期がん患者と同じ病室だった。40歳くらいのその女性は、母親に対し、「次の季節がきたらあれをしたい、これをしたい」と話したという。母親は困っていて、それを聞いていると心が参ってきた。退院したとき、ふと頭に浮かんだことがあった。

「やりたいことをやろう。韓国に行こう」

韓国への留学を決心したのだった。

女性の話を聞きながら、すごく共感した。遠ざけようと思うほど向こうから近づいてくるのが「ルーツ」（出自）である。かといって、掴もうとするとうまく掴めなかったりもする。1年間の韓国留学の後、僕は「韓国」をがっちり掴めているのだろうか。それはまだよくわからない。

第2章　語学堂が教えてくれた「リスキリング」の楽しさ

新居

5月半ば、引っ越しをするため、新居に来た。語学堂の学生寮は3カ月で退去する決まりがあった。次に住むのはシェアハウス。「アナムハウス」という名前だ。引っ越しは少しずつやろうと思っている。この日は、とりあえず大家さんに挨拶して、説明を聞こうと思ってやってきた。

大家さんは人当たりのいいおじいさんだ。60代くらいか。英語が堪能で、日本で働いた経験もあるという。この日、たまたまパーティをするらしく、「おいでよ」と誘われたので参加することになった。

肉というか、ベーコンみたいなのを焼いて出してくれた。鴨みたいな肉だった。おいしかった。フライドポテト、チヂミ、トマト、スープなんかもあった。

いろんな国の人がいた。10人くらい。ドイツ、ハンガリー、タイ、フランス、中国。ハンガリーとフランスの人と仲良くなった。K-POPの話で盛り上がった。

「ドラマかK-POP、どちらに先にハマったか」という話になった。ドラマから入った人が多かった。『愛の不時着』（２０１９年）はセンセーショナルだったらしい。ハンガリーの人は「あのドラマで何回泣いたかわからない」と話していた。

フランスの人はドラマがきっかけで音楽にハマり、今では韓国でライブに行くほどになった。「ヨーロッパにはK-POPのアーティストは全然来てくれないので、今のうちに会っておきたい」と話していた。

僕が「学園祭にいろいろ来るよね。無料で行けるところもあるらしいよ」と言うと、2人は興奮して「そうだよね！」といって、お互いに情報交換をした。チケットが必要な場合もあるが、無料で行けるところもあるらしい。

初日から楽しい会に参加できた。いいシェアハウスだと思った。

発表当日

5月半ば、語学堂の授業ではクライマックスとなる発表の日がやってきた。

この3週間くらい準備してきた、トウガラシについての発表だ。トウガラシの起源や韓国への流入過程について話した。ストップウォッチを見ながら話したので、ちょうど20分きっかりで発表を終えた。準備してきた成果がちゃんと出せた。

発表のためのスライドはあるが、韓国語だけで20分間話し続けるというのは初めての経験だった。でも、なんとかこなせた。よくやったと思う。

黒板も使った。簡単なクイズを出して、その答えの選択肢を黒板に書いて、みんなに考えてもらった。一方的に話すような発表にはならず、みんなの注意を引くような発表になったと思う。ひとまず無事に終わってよかった。発表を聞いていた学生から「先生みたいだった」と褒められた。素直に嬉しかった。

5月末には期末試験があった。

テスト当日の1時間目は復習の時間だ。僕は教室の外に出て、前日に準備した単語カードをめくりながら音読した。みっちり音読して暗記した。

2時間目はライティングのテスト。試験時間は50分だが、僕は30分で終わってしまった。4回くらい見直して、何個か間違いを見つけた。けっこう完成度は高いと思う。わりと難しい単語も使った。テストでは、授業で習ったような「上級単語」をきちんと使えているかが評価されるのだ。

3時間目はスピーキングのテスト。自分の番が来るまで40分くらいあった。その間、ぼそぼそと一人で話しながら練習をしていた。

スピーキングは、4つの課題がすでに与えられている。自分の住む街の紹介、生活の中の科学現象、経済観念、都市再生事業の事例紹介。与えられた時間は4分。課題はどれになるかわからない。当日、くじ引きで決める。

僕は後半の組のトップバッターだった。くじ引きをして、都市再生事業の事例紹介になった。3分間、準備の時間が与えられた。紙に概要を書く。すでに準備していたものを思い出しながら書いていく。あっという間に3分がたった。いざ、スピーキングのテストが始まった。

僕はイギリスの都市、リバプールの事例を選んだ。リバプールが衰退していた1980年代からどのように都市再生を行ってきたか。その歴史を紹介した。日本語で話しても難しい内容だ。それを韓国語で話した。出来は悪くなかったと思う。ベストを尽くした。それなりの点数は出るはずだ。

一番不安だったスピーキングのテストをなんとかこなした。この2カ月間、よく頑張ったと思う。そのことを実感した。自分で実感することは一番大切なことだ。

期末試験の結果は、ライティング85点、スピーキング85点、リスニング100点、リーディング100点だった。リスニングとリーディングで満点が取れたことは嬉しかった。つぎの学期は最高級の6級だ。最後まで走り切りたいと思う。

修了式でのスピーチ

6級の学生たちの修了式が行われた日、僕は5級代表としてスピーチをすることになった。自分で立候補したのだ。文案も考え、先生に添削してもらった。スピーチは5分を予定していたが、少し長引いた。アドリブを少し入れたり、聴衆の反応を待ったりしたからだ。韓国語を日本語に直訳したものを収録しよう。

〈こんにちは。私は韓光勲と申します。まず、今日卒業する6級の先輩たちにお祝いの言葉を伝えたいです。おめでとうございます。

私は今日、高麗大学韓国語センター5級の生活についてお話ししたいと思います。

まず、皆さんに簡単な質問があります。皆さんはなぜ韓国にいらっしゃったのですか？

いろんな理由がありますよね。K-POPが好きで。韓国ドラマにハマって。それとも、ハンサムな男性やかわいい女性を探しに？

私たちが共通して持つ理由はまさに韓国語ですよね。韓国語がもっと上手になるように、勉強をするために語学堂に来たことが私たちの共通の目標でしょう。私も当然そうです。韓国語がもっと上手になりたくてここに来ました。それでは、その目標は達成できましたか？　皆さんの韓国語の実力は伸びましたか？

私はこう答えたいです。

「はい、私の韓国語の実力はかなり伸びました」

自信を持ってこう言える理由を説明します。

5級を始めた時、1課ではボランティア活動について学びました。ボランティア活動にはどんな種類があるのかについて学び、難しい単語や新しい表現をたくさん学びました。

実はこう思っていました。

「僕は韓国でボランティア活動をする機会はないと思う。このような表現を学ぶ必要があるのか？」

最初はそう思いました。しかし、このような考えは間違っていました。なぜでしょうか？　ここで、韓国で「国民の妹」と呼ばれている歌手、IU（アイユー）について話したいと思います。

私は今月、IUに会いました。皆さんが知っている、まさにその歌手のIUです。長い間好きで憧れの的だったIU。歌手の中の歌手、俳優の中の俳優。そのIUが私の前にいました。

私は映画『ドリーム』の舞台挨拶を見に行きました。IUは突然一人で登場してこう言いました。

「皆さん、こんにちは。今歓迎してくださったように、監督と俳優をもっと大きく歓

卒業式・修了式で話す筆者

迎できますか？」

IUがこう言ったので、私は当然「ネー（はい）！」と大声で答え、監督や俳優さんたちを大歓迎しました。私が想像していたように、IUは人柄も優れた人でした。

舞台挨拶の後、映画が始まりました。私はびっくりしました。その映画には教科書で学んだ単語がたくさん出てきたからです。なぜなら、この映画はホームレスのサッカーチームをテーマにした映画だったからです。

たとえば、才能寄付、社会的偏見、冷淡な視線、経済的支援……など。教科書で学んだ単語のおかげで映画をよく理解できました。

皆さんの5級の生活はいかがでしたか？　スポーツ、科学、経済や歴史まで、難しくて大変でしたか？

私は皆さんに一つ申し上げたいと思います。ここで学んだことは、私たちの人生で必ず役立つでしょう。私はそう確信しています。

今日を最後に、留学生活を終える友達もいれば、6級に上がる友達もいるでしょう。また、5級をやり直す友達もいるでしょう。すべての5級の学生たち、一学期の間、一生懸命勉強して生活するのに苦労しましたよね。皆さんの将来に良いことばかりがありますように祈ります。

そして私たちを教えてくださった先生たち、手伝ってくれた事務室の先生たちにも感謝します。これで私の発表を終わります。お聞きくださいまして、ありがとうございました。〉

聴衆の反応はすごく良かった。特に6級の学生たちは5級の生活が懐かしかったのか、笑ってくれたり、「おお～」と言って拍手をしてくれたり。ありがたかった。

スピーチの前に「光勲、カッコいい！」と、僕の作文をいつも添削してくれていたヒョンジュ先生が大声で応援してくれた。嬉しかった。そういうことを言いそうにないおとなしい先生だと思っていたので、ちょっと驚いた。心強かった。スピーチは他の人にも褒められた。立候補してよかったと思う。いい記念になった。

テレビ局の取材を受ける

この時期、他にも面白い経験をした。韓国のテレビ局の取材を受けることになったのだ。済州道にある「済州ＭＢＣ」というテレビ局だ。

ファミリーヒストリーや日本における在日韓国人の立場について質問すると事前に聞いていた。日本語で答えても難しいテーマだ。

とてもいい機会をいただいたと思った。見た人が少しでも在日コリアンについて知ってくれたら嬉しい。

5月末、テレビ局の人が大学に取材に来てくれた。

午前11時半に待ち合わせ。記者1人、カメラマン2人が車に乗ってやってきた。記者の方はホン・スヒョンさんという方だ。年齢は40代くらい。日本で大学院に行っていた経験があり、奥さんは日本人らしく、日本語が堪能だ。「日本語でも韓国語でも楽な方で話しましょう」と言ってくれたが、僕は韓国語で話すことにした。せっかくの機会だし、自分の実力を試す意味でも、韓国語で取材に答えたいと思った。

まずは、高麗大学の正門から研究室へ向かうシーンを撮った。ちょっと緊張して、表情は硬かったと思う。「ちょっと緊張していますね」と言われた。笑顔を作ろうと思ったが、それもまたぎこちないので、普通の顔をした。

研究室へ移動し、普段の研究の様子を撮影してもらった。「いつものようにやってください」と言われたので、論文の注をつける作業をした。

研究室でインタビューを受けた。予定されていた内容だ。それなりに答えられたと思う。韓国語はちょっと詰まったりはするが、その程度なら問題ない。記者さんの様子を見ても、特に問題はなさそうだった。なんとかこなすことができた。

研究室を出て、キャンパスを歩く様子を何パターンか撮影した。言われたとおりに何度も歩いた。

大学から移動して、サムゲタンを食べた。急いで食べた。このようにあまり時間がない中で食べるというのは、記者として働いていた時期を思い出して懐かしかった。記者さんは「体には悪いですよね」と言っていた。僕もそう思う。

やっぱり記者さんという感じで、とても感じがよく、話しやすい人だった。僕もこんな感じだったのかな。感じがよくて話しやすい人。たぶんそうだったと思う。

仕事が辛かったという思い出も率直に話した。「それは大変でしたね。僕もわかります。入社して最初の3年は事件・事故担当でしたから」と、記者さん。韓国の記者育成のシステムは日本と似ているらしい。植民地時代からの名残だという。知らなかった。「電話がきたらすぐ現場に行かないといけないし、休みもほとんどないでしょう」。たしかにそうだった。本当に同じだなと思った。

さらに移動して、次の撮影場所へ。「ブックサロン　テキストブック」というお店に着いた。いい感じのブックカフェだった。そこで、イ・ボンジュンさんというフリーの作家に会った。その方は在日コリアンに関しての著作がある。その方と記者さんと3人で話すシーンを少し撮った。

撮影が終わったのは午後4時半。高麗大学まで送ってもらった。自分へのご褒美として、カフェでアップルパイ、アイスアメリカーノを楽しんだ。

この日の様子は後日、「在日、共生の条件は?」というタイトルで放映された。映像はYouTubeでも視聴できる(https://www.youtube.com/watch?v=J_XHLLXIN4&feature=youtu.be)。

国際学会での発表

6月半ばから、6級のクラスが始まった。最高級だ。6級が終われば、語学堂は晴れて修了になる。韓国語だけを集中的に学ぶ最後の機会となる。これからの3カ月間、気を引き締めて頑張りたい。

6月22日から、韓国南東部にある都市、大邱(テグ)で、国際学会であるAASi

n Asia（アジア学会）に出席した。学会発表をするためだ。指導教員の先生と、先生が集めてくれたメンバー3人と僕、合計5人で発表する。

グループの発表のタイトルは「在日コリアンの植民地期・ポスト植民地期の記憶を掘り起こす」というものだ。メンバーみんなで考えた。要旨は、僕が下書きを書いたあと、みんなで力を合わせて修正していった。全部メールでのやり取りだったけど、いい経験になった。すごく勉強になった。

僕は、ほかの学会でも発表してきた内容をもとに話す予定だ。

ワークショップに出席するため、一足早く大邱へ向かった。「英語論文をどう書くか」というテーマで、若手研究者向けに2日間、ワークショップが行われる。今の自分に最も必要な内容だ。第一線の研究者が教えてくれる貴重な機会だ。

学会は楽しみだ。国際学会なので、いろんなネットワークが広がるかもしれない。積極的に人に話しかけたい。名刺をたくさん配ろう。40枚くらい持ってきた。学会でいろんなテーマの発表を聞くと、刺激になる。国際学会で受ける刺激は、今後の研究の推進力になるはずだ。

22日のワークショップは素晴らしい内容だった。先生は3人。男性2人、女性1人。いずれも大ベテランの先生だ。

講義では、論文の要旨の書き方やキーワードの選び方といった話から始まって、文献レビューの方法、査読者とのやり取り、投稿先の選び方など、多岐にわたった。僕は2回くらい質問した。どれも素晴らしい回答をしてくれた。これから論文を書く上での明確な指針を与えてくれた。

スウェーデンから来た男性の先生が、パソコンの操作で手間取っていた。他に韓国語を解する学生がいなかったので、僕が韓国人スタッフとやり取りして、問題を解決した。おかげで、スライドを使った講義になった。最初の2時間はこの問題が解決しなくて、スライドなしの講義だった。それは聞いていてしんどかったので、問題の解決に役立ててよかった。ある先生からは「テックマン」（技術屋）と冗談交じりに呼ばれた。なんだか嬉しかった。

いろんな学生がいたが、日本から来た学生は僕だけだった。韓国の学生も一人くらいしかいなかった。中国からの学生が約半分を占めた。中国の人は積極的だった。学術界でも、中国は今後、世界を席巻していくのだろうなと思った。

日本と韓国のバックグラウンドを持つ僕のポジションは、「希少性」、珍しさという意味では貴重なものになるかもしれない。日本語でも韓国語でも資料を読めるという強みを押し出しつつ、自分の研究を国際的に発信していきたいと思った。

ワークショップのなかで、プレゼンをする機会があった。即席で作ったスライドを示して話すと、スウェーデンの先生から「ビューティフル」と褒められた。

ワークショップが終わった次の日、他のグループの発表を聞きに行った。初めての国際学会だったが、パワポのスライド1枚に内容を盛り込みすぎて時間がなくなる男性、開始直前まで自分のパソコンでパワポを作る女性などがいた。日本の学会でもたまに見る光景である。ある女性は一人で30分以上話していたが、この人自身が司会なので、誰も止められない状況だった。見ていてヒヤヒヤした。

発表を聞いた後、いくつか質問をした。基本的な質問を最初にした。こういう場では簡単な質問でいい。僕が質問した後、何人か続いて質問するようになった。

基本的な情報を知らないのなら、それを聞けばいい。「国際学会だから」と肩肘張る必要はない。悪くない質問だったと思う。論文なんかでも、全く知らない読者のために基本的な情報は必ず入れないといけない。「こういう基本的な情報を知らないのだ」とこちらは示したらいいし、発表者は「ここまで噛み砕いて説明したほうがいい」と認識したらいい。だから、物怖《お》じせずに質問していこうと思った。

すぐに質問した自分には少し驚いた。これは記者をしていた効用だと思う。どれだけ簡単な質問でも、気軽にできる。恥ずかしくない。「聞くは一時の恥、聞かぬは一生の恥」というのは、亡くなった母方の祖母が好きだった言葉だ。この言葉を胸に、積極的に質問していこうと思う。質問をした発表者の女性からは「サンキュー」と言われた。少しでも貢献できたのならよかった。

25日、学会発表の本番の日がやってきた。

午後3時半ごろに会場前に集まり、打ち合わせ。前のグループが終わるのを見計らって、3階の教室へ。USBからパソコンのデスクトップにファイルを移し、スライドが映るかどうかの確認をした。バッチリ。これで心配ない。

僕は、自分の発表を始める前に、簡単にパネル全体の説明をした。来てくれる人は要旨を読んでから来ているので大丈夫だとは思うが、一応確認しておいてもいいかなと思った。これは昨日、いろんな人の発表を聞いてからそう思った。「まとめ」があったほうがわかりやすい。急遽作ったスライドだったが、問題なく説明できた。

一人20分から25分くらいの発表時間だ。僕はちゃんと20分を守った。パネル全体では110分で、質問の時間も取らないといけない。トップバッターだったし、僕が長引くと全体が間延びする。ちゃんと時間を守れてよかった。

発表は問題なく進行できた。スライドは30枚くらいで、20分で終えた。英語の不安はなく、普通に話し終えた。緊張はしたけど、流暢《りゅうちょう》に話せたと思う。オランダ留学中、どうしても発表の準備ができなくて授業に行かなかったことがある。それに比べたら本当にすごい進歩だ。

僕に続いて、3人の発表も無事に終わり、残りは15分となった。3人くらい質問も出て、それなりに盛り上がった。小さい教室だったが、30人以上は見に来てくれた。満席だった。それなりに関心を持ってくれたということだろう。

結果的には、すごく統一感のある、全体としてまとまりのあるグループ発表になった。

応募段階からよく議論したし、それが功を奏した。

午後6時に終わり、夜ご飯へ。大邱の地元の人が通う大衆食堂へ行った。野菜中心のメニューで、それをピビンパにして食べた。おいしかった。この学会に向けて頑張ってきてよかったと思った。

今回の学会は、僕の提案が発端となった。2022年の9月、会社を辞めてすぐのころ、特にやることがないとき、大邱で国際学会があることを知った。すぐに「出たい」と思った。しかし、個人での応募はできず、少なくとも4人は集めないといけなかった。指導教員の先生に相談すると、すぐに集めてくれた。ありがたかった。そこから1カ月かけて、応募書類を書いていった。

全体のタイトルや要旨は僕が原案を考え、それをたたき台に、先輩研究者たちにブラッシュアップしてもらった。すごく勉強になった。ほかの3人から要旨をそれぞれもらって、僕がまとめて応募した。発表を取りまとめる「オーガナイザー」という役割になったのだ。まだ博士課程に進学もしていない段階だったので、「僕でいいのかな」という気持ちもあったが、締め切りは目前だったのでそうも言っていられず、どんどん進行していった。

発表の採用が決まったのは、2023年の初め頃。素直に嬉しかったと同時に、国際学会で発表した経験など皆無なので、不安もあった。

そうこうしているうちに、学会の日がやってきた。右も左もわからない。直前まで不安だった。だけど、ワークショップに参加して、何人か友達ができた。おかげで、学会そのものにもスムーズに入っていけた。「友達の発表を聞きに行こう」というモチベーションに変わったからだ。

発表のために作ったスライド資料は、なるべくシンプルに作り替えた。メッセージが多すぎると伝わらないと考えたからだ。スムーズな発表につながったと思う。

初めての国際学会を終えたいま、手触りのある達成感、充実感がある。直前まで不安だったが、なんとかこなすことができた。いろんな国からの学生、先生との出会いがあった。今後の研究人生で必ず助けになると思う。実際、香港の学生と仲良くなった。その人とはその後も連絡を取り合い、お互いの研究を報告しあっている。

ソウルに戻ったら、語学堂での生活が再開する。もちろん授業には出るが、研究は少しお休みして、何日かはゆっくりしよう。すぐにエネルギーは溜《た》まるはずだ。またあの場に立ちたいと思ったし、早く英語で論文を発表して、いろんな人との交流を広げたいと強く思った。初めての国際学会は刺激的で、すごく素敵な場所だった。

語学堂・6級の授業

語学堂の授業の話に戻ろう。最高級である6級のクラスでは、学期末に発表をする。20分の卒業発表だ。

普段から研究発表をしているから、発表には慣れている。韓国語でやるだけだ。

発表ではK-POP誕生の歴史について紹介しようと思った。山本浄邦『K-POP現代史』（ちくま新書、2023年）という本を参考にして、韓国の現代史とK-POP誕生の歴史について発表することにした。

6級のクラスでもう一つのクライマックスは討論だ。「英語の早期教育は必要か」というお題が与えられて、賛成と反対に分かれて討論する。相手の意見をよく聞いて具体的な根拠を示しながら議論していく。相手の主張への反論は難しく、なかなかうまくいかない。授業ではみんな手こずっていた。どうしても、自分が主張したいことばかり話してしまうのだ。

「朝鮮半島の南北統一は必要か」というテーマについても討論した。こんなにセンシティブなテーマについて話すのだと驚いた。賛成と反対にランダムに振り分けられ、僕は賛成の立場から話すことになった。実は、僕は「南北統一」は難しいと思っていて、北朝鮮は韓国や日本にとっては「安全保障上の脅威」であると考えている。普段はそう考えているから、賛成の立場から議論するのは難しかった。

中国や日本の学生が反対の立場に振り分けられ、彼女たちと議論した。反対の主張を聞くと、それはそれでムカムカしてくるというか、「そんなの言われたくない」という気持ちになった。不思議なものである。僕は「韓国人である」というアイデンティティが思いのほか強いのかもしれない。普段は統一に反対だと思っているのに、反対の主張を聞かされると、反論したくなる。天邪鬼《あまのじゃく》なものである。

7月半ばにあった中間テストの結果は満足のいくものだった。リスニング100点、リーディング84点、ライティング86点、スピーキング92点。平均で91点だった。嬉しい。この調子で引き続き頑張ろうと思った。

この時期、語学堂の教務からメールがきて、奨学金を受け取れることが決まった。50万ウォン（約5万円）を返金してくれるらしい。ありがたい。掲示板の告知を見逃していたみたいで、わざわざメールをくれた。知らせてくれて良かった。

彼女が韓国に遊びに来る

韓国に滞在している僕に会いに、家族や友人がよく訪ねてくれた。8月には彼女が韓国にやってきた。彼女は初めての韓国だった。

彼女に高麗大学の研究室を案内した。大学を出たあと、行きつけのサムギョプサル屋へ。いつも通りおいしかった。彼女はおいしくて感動していたようだ。シメのチャーハンまで、お腹いっぱい食べた。

「ソルビン」へ行った。韓国で人気のかき氷屋だ。アップルマンゴーのかき氷を食べた。

彼女はなぜかホットのアメリカンを頼んでいた。謎だった。しかも、ほぼすべて残していた。合わないと気づいたのだろう。その様子を見ていて面白かった。夜は9時半くらいに解散した。僕は次の日に発表があるので、ちょっと早めに解散した。

翌日の授業で、韓国の男性K-POPグループ誕生の歴史について発表した。韓国の現代史と絡めて、1960年代から2000年代初頭までの話をした。うまく話せたと思う。発表が終わって、いくつかの質問にも問題なく答えられた。卒業要件になっている発表なので、無事に終わってよかった。これで一安心だ。

彼女と仁寺洞（インサドン）に行った。韓国の伝統工芸のお土産屋がある。ただ、新しい商品ばかりで、彼女的には微妙だったようだ。彼女はもっと古いもの、アンティークが見たかったらしい。

この日は雨がひどかった。台風がちょうどきていたのだった。

夕方から、ソウルの森（ソウルスプ）へ行って、歌手のIUの展示会へ行った。「瞬間モーメント」というタイトル。光のインスタレーションからはじまって、ホログラムでIUが歌っている映像が見れたり、写真を撮れたりする。レコーディング用の音声も聴けた。新鮮だった。1時間くらいで見終わった。充実した展示会だった。帰りに展示会のカタログやIUの詩集を買った。

移動し、東大門（トンデムン）にあるタッカンマリ屋へ行った。鶏をまるごと煮た鍋料理だ。「コンヌンタッカンマリ」というお店。ここは気に入っている。彼女は2泊3日で帰った。初めての韓国を楽しんでくれたようでよかった。

最後のテスト

語学堂の授業もいよいよ大詰めだ。8月17日、最後となる試験があった。リーディング、リスニング、ライティング、スピーキングの試験だった。

テストには全力を注いだ。リーディングのテスト時間は50分なのに、20分で終わってしまった。先生は「早く終わりすぎでしょ」と笑っていた。僕もそう思う。準備をしっかりしていたので、すぐに問題の答えがわかったのだ。自信があった。

テストが終わり、ヘトヘトになった。かなり集中していたのでどっと疲れた。

翌日、すぐに結果が返ってきた。リーディングとリスニングが100点、ライティング90点、スピーキング91点。語学堂のテストでは、今までで一番よかった。達成感があった。これで心置きなく卒業できる。頑張ったなと思う。しみじみと嬉しかった。「よくやったな」という実感があった。

6級の最後には卒業旅行がある。1泊2日のバス旅行だ。クラスメートたちと旅行地、江陵（カンヌン）に行った。ソウルからはバスで2~3時間のところにある。

1日目、まずはお昼ご飯から始まった。韓国北東部にある江原道（カンウォンド）は、じゃがいもの特産地だ。じゃがいものチヂミ、じゃがいも饅頭《まんじゅう》（あんこ入り）、じゃがいもをすりつぶした団子の入ったスープが出た。じゃがいもで作ったチヂミや団子はもっちりとしていて、おいしかった。不思議な食感だった。

江陵は海に面した場所だ。お昼ご飯を食べた後、バスで海へ向かった。天気は快晴で、海は綺麗だった。足元だけ海に入った。気持ちよかった。日差しは眩《まぶ》しくて、太陽の光をたくさん浴びた。クラスのみんなで写真を撮った。クラスから来たのは僕を合わせて6人。最初は11人いたが、どんどん減っていった。残ったのは日本、中国、ベトナム、フィリピンの学生。人数が少なかったのでわりと仲良くなった。

海に行った後、カフェで休んだ。中国の学生と話し込んだ。彼女は25歳。アメリカの大学を出て、いまは韓国の大学院への入学を目指している。コンピュータサイエンスをやっている。「中国のコロナ対策は最悪だった」と話していた。いまの政府はあまり好きではないらしい。若者のあいだでは、政府への不満が溜まっているとのこと。みんなうんざりしているから、海外に出る選択をするのだという。「中国には戻りたくない」と話していた。

同じ若者同士、感覚は似ているのだと思った。中国は民主主義国ではないから、こういう若者の不満を吸い上げる回路がない。それは社会的損失だろう。一人っ子政策の影響で、中国は近い将来、超少子高齢化社会になることが懸念されている。そんな中で、若者は政府を嫌って海外に出たがる。若者に見捨てられる国の未来はあまり明るくないだろう。「経済成長の鈍化」というシナリオがよく囁《ささや》かれるが、中国という国のシステムが根本的に不安定になる可能性もある。

日本も韓国も、少子高齢化社会という点では一致している。東アジアの国々は同じ課題を抱えているわけだ。決定的に異なるのは、その政治体制である。

近年、「民主主義は機能していない」とか「民主主義は多数の専制だ」とか、民主主義はなにかと評判が悪い。だけど、僕は民主主義国である日本と韓国の未来には楽観的だ。なぜなら、民主主義下では、人々が自由に議論し、なにか間違いがあれば、それを修正できるからである。

民主主義国はときに間違った政策を行う。でも、不満があれば、人々がそれを表明できる。不満を掘り下げて議論できる。メディアは自由に報道できる。それを見て、政治を行う側は柔軟に政策を調整する。そういうコミュニケーションの回路がある。

中国のような権威主義国家では、そのような回路がほとんど存在しない。政府が抑えつけているからだ。政府を批判できるメディアが存在しないか、批判しても握りつぶされる。そのため、人々は表立った議論をすることができない。

その中国の学生は「コロナの時期は必要もないのに毎日ＰＣＲ検査をしないといけなかった」と教えてくれた。当初はＰＣＲ検査にも意味があったかもしれないが、軽症化してからもそんな意味のないことを続けていたなんて信じられない。その損失は計り知れない。「意味がない」と誰も指摘できないので、そのまま政策が実行されてしまうのだ。彼女の話を聞きながら、そのようなことをつらつらと考えていた。

1日目の夜ご飯は、焼き魚の定食だった。5種類くらいの魚があって、どれも身がフワフワで、ものすごくおいしかった。

部屋はベトナムの学生と同じだった。クラスでは男子が2人しかいないから、自然にそうなった。彼は友達と飲みに行った。僕は早く寝た。生活リズムを乱したくなかった。

2日目。ホテルの朝ごはんはおいしかった。サラダを中心に食べた。最近は健康志向だ。朝ごはんのあと、バスで牧場へ向かった。広大な土地に羊がたくさんいた。餌をやった。バクバク食べるので面白かった。

昼ごはんはイカと豚肉の甘辛炒め。韓国の定番の味付けだ。冷麺、テンジャンチゲ（みそ汁）も食べた。

1泊2日の旅行はあっという間だった。自然に触れて、すごくリフレッシュできた。こんなにリラックスできたのは久しぶりだ。自然って大事だなと思った。

「リスキリング」は楽しい

語学堂の日々を振り返ってみると、すごく充実していたなと思う。「韓国語を上達させたい」という一心で来た学生たちと机を並べて、毎朝9時から昼の1時まで韓国語を学んだ。僕は必死だった。来る日も来る日も、わからない単語を辞書で調べ、ひとつずつ覚えた。韓国語の音声を聴きながら発音の練習をした。わからない部分は先生に質問した。先生からの問いかけには真っ先に発言した。我ながら、熱心な学生だったと思う。

語学堂での日々は新鮮だった。毎日授業があり、まるで高校生にでも戻ったかのようだった。会社員時代の辛い思い出は次第に薄れ、韓国語の勉強に集中するようになった。それが一番よかったと思う。

留学当初、眠っていると、会社員時代の悪夢にうなされることもあったが、それもだんだんなくなっていった。頭が切り替わっていくのがわかった。韓国語の夢を見ることも増えていった。

僕は2022年夏まで、新聞社で働いていた。多忙な新聞記者だった。また学生に戻って勉強するのはワクワクする半面、少し不安だった。僕はもう30歳だし、19歳や20歳の各国の学生たちに囲まれて勉強をするのはどういう気持ちなのかなと心配だった。果たしてついていけるのか。

たしかに、彼ら彼女らは若かった。若いエネルギーに溢《あふ》れている。だが、僕もそれに触発されて、そのエネルギーをもらって積極的に授業に参加した。授業ではよく発言した。先生は「光勲さんが一番積極的だったよ」と言ってくれた。

学生に戻って勉強するのはこんなに楽しいのかと驚いた。日本政府は近年、会社員の学び直し、「リスキリング」を奨励している。僕にとって、いま再びの韓国語学習はまさにリスキリングだった。リスキリングは楽しい。この楽しさは強調したい。会社員として行き詰まった人はリスキリングに挑戦したらいいと思う。

高麗大学の語学堂の先生たちは一流のプロフェッショナルだった。授業方法はこなれていて、指摘も明確だった。韓国語をいかに話せるようになるか。その一点の目的のために授業が作られていた。「この先生たちを信じれば僕の韓国語能力は伸びる」という確信をもって、勉強に集中することができた。僕は周りより少し年上だったし、在日コリアンというバックグラウンドは珍しかったと思うけど、先生たちはよく気にかけてくれた。嬉しかった。皆さんフレンドリーで優しかった。

語学堂での半年間を通じて、「韓国語がうまくなる」という目的は達成できた。驚いたのが、最高級の6級では、韓国の社会問題について深く学んだことだ。激しい受験競争などの教育問題、少子高齢化、多文化社会、韓国人の共同体意識とそれ故の排他主義の存在……。多様なトピックを学んだ。これらはニュースでもよく扱われるトピックなので、試験にも出やすい。試験対策的な意味もあるが、外国から来た学生たちに韓国社会が持つ問題をはっきりと提示するのが印象的だった。

韓国の現代史についても学んだ。日本からの解放後、南北に分断してしまい、朝鮮戦争という悲劇が起こったこと。朴正熙による独裁政権下で経済発展が進み、民主化運動の末に民主化が実現したこと。これらの内容は教科書で学ぶだけでなく、ソウルにある大韓民国歴史博物館に行って、実際のモノを見て学んだ。韓国語で学ぶのは新鮮で、とても充実した時間になった。歴史を学ぶための語彙《ごい》を習ったので、これからは韓国現代史に関する本を韓国語で読める。今後の学習につなげたい。

語学堂での日々が終わるころには名残惜しい感じがした。毎日の授業は辛い日もあったが、僕はほぼ欠席なし、遅刻なしを貫いた。積極的に授業に参加した。おかげで、韓国社会を学ぶための語彙を獲得できた。半年間だったが、語学堂に通うという選択をしてよかった。

高麗大学の語学堂での日々は僕の人生の転機になった。その手助けをしてくれた先生方にはすごく感謝している。

韓国で気づいたこと

この章の最後に、韓国で気づいたほんの些細《ささい》なことを書きとめておきたい。

ソウルは、エスカレーターや「動く歩道」が止まっていることがある。そんな場面にたまに遭遇する。特に、地下鉄の乗り換え時の「動く歩道」はよく止まっていて、普通に歩かないといけない。日本ではなかなか遭遇しないので、初めは面食らったが、途中から慣れて普通に歩いていた。

エスカレーターや「動く歩道」は常にきちんと作動するべきだというのも、日本的な感覚なのかもしれない。日本がきっちりしている方なのだ。韓国にいると、それまで当たり前だと思っていた常識が揺さぶられる。それが新鮮で面白かった。

韓国のバスや電車は日本並みに発達しているうえ、運賃が安い。日本では地下鉄が数分おきに時間通りに来ることが当たり前に思われているが、世界的に見たらそうではない。僕はオランダに住んでいたが、ストライキがあれば止まるし、電車はほとんど時間通りに来ない。日本のように公共交通機関が時間通りにきっちりと運行しているというのは、世界的に見ても珍しいと思う。

韓国は、日本並みに地下鉄やバスがちゃんと運行している。その点、ソウルは日本から来た人にとってはかなり住みやすいと言えるだろう。

些細なことだが、どこにでもウォーターサーバーがあるのも特徴だ。公共施設には必ずある。マイボトルを持っていれば、外出先で水を買う必要はない。便利だ。

改めて言うまでもないことだが、料理はやっぱり辛いものが多い。予想以上だった。

肉料理の味付けにはとにかくトウガラシが使われている。

日本では、肉は塩コショウで味付けされていると思う。肉につける「下味」と言えば、それは塩コショウだろう。韓国ではその「下味」がトウガラシなのである。

そういえば、韓国人が日本に旅行したときによく口にする感想として、「日本の食べ物はしょっぱい」というのがある。これはまさに下味の違いを表しているのだと思う。日本の味で育った僕にとっては、「韓国はとにかくトウガラシが使われていて辛い」という感想になる。

韓国は気候が乾燥している。肌が乾燥するため、皮膚がかゆくなった。顔の荒れがひどくなった。寝ている間に掻いているようで、ピリピリした。日本から持ってきた薬を塗っても全く治らない。顔が真っ赤になった。

地下鉄に乗って、家の最寄り駅である安岩（アナム）駅から一駅。普門（ポムン）駅にある「サムソンプレンドゥ医院」に行った。ここは内科と皮膚科がある。

先生はいい人で「ステロイドを塗ったほうがいいですね。薬も飲んでください。かゆいから掻いてしまうのですよ」と話した。僕は韓国では保険に入っていない。保険なしで約2000円だった。安い。1階の薬局に行って薬をもらった。1週間分の飲み薬、塗り薬をもらった。日本でもらっていた薬では太刀打ちできなかったらしい。

顔のヒリヒリが続くのはしんどかった。韓国は日本よりもかなり乾燥している。日本は湿気が多い国なのだ。皮膚の乾燥には最後まで悩まされることになった。

余談：ボツになったエッセイ

5月、ある学術雑誌向けにエッセイを書いたのだが、ボツにされてしまった。せっかくなのでここに収録しようと思う。僕が韓国語を勉強してきた経緯や思いについて率直に綴っている。

〈韓光勲（はんかんふん）と申します。1992年生まれの在日コリアン三世です。2023年3月から、韓国・ソウルに留学しています。まずは半年間の語学留学。朝9時から昼の1時まで毎日4時間、語学堂で韓国語の授業を受けています。

30歳で一念発起しての留学です。

僕は小学校1年から中学校3年まで、大阪市住吉区にある韓国学校、白頭学院建国小・中学校に通いました。小学校のころはほぼ毎日、韓国語の授業がありました。小学校1年生ではまず韓国語の母音、「アヤオヨ」から始めます。そのあとに子音。そして、簡単な表現を学んでいったと思います。

小学校1年生のとき、韓国語は僕にとっては全く新しい言語でした。家庭では父親のことを「アッパ」、母親のことを「オンマ」と呼んでいましたが、韓国語を日常的に使うことはありません。父は韓国・済州道で生まれ、23歳まで済州道にいました。父親の母語は韓国語です。

母は大阪市西成区で生まれ育った在日コリアン二世。母方の祖母は1940年代に韓国から日本に来ました。母親の母語は日本語で、韓国語は話せません。自然と、家での共通言語は日本語になりました。父は日本語が堪能です。

そういうわけで、僕の母語は日本語になります。日本語で生まれ育ちました。そこに、6歳のころ、突然やってきた韓国語。初めはわけもわからないまま、ある意味でやらされるまま、勉強をスタートしました。

韓国語は、僕にとっては長年、謎の言語でした。意味がよく掴めないのです。韓国学校の韓国語の授業は「習うより慣れろ」型です。韓国でも使われている「国語」（クゴ）の教科書をつかって、文章を暗唱したり、音読したりする授業が中心です。文法的な説明はほとんどありません。小学生相手に文法から説明しても仕方ないということなのでしょう。

小学生の頃は、韓国語の意味がよく掴めませんでした。わからないまま、とにかく授業が進んでいくという感じです。だから、僕にとって、韓国語の授業は少しおっくうで、得意じゃない科目でした。

いま思うと、母語と母国語のはざまで苦しんでいたのだとも思います。母語は日本語です。しかし、僕は韓国籍なので、母国＝韓国の言語は韓国語です。だから、韓国語は「韓国人として話せないといけない」言語となります。それはプレッシャーでした。幼い僕の肩に重圧がのしかかっていたと思います。

韓国語は、母語ではないという意味では外国語なので、単語テストでもよく間違います。少々間違うのは、本来は当たり前というか、仕方がないはずです。でも、「僕は韓国人なのに単語を覚えられないのだ」と落ち込みました。よく単語テストがあるのですが、なかなか覚えられません。日本語と韓国語を変換するのに苦労しました。意味がよく結びつかないのです。

漢字語などは覚えやすいのですが、韓国語らしい表現である「固有語」は覚えるのが難しい。日本語と韓国語の意味が結びつかない。それは今でも苦労しています。でも、いまは「外国語として韓国語を勉強しよう」と思っていますから、いちいち落ち込むことはありません。そういう意味ではいまは気楽に、前向きに取り組めるようになりました。

小学校の6年間はずっと、韓国語がちょっと苦手な状態で進んでいきました。韓国語能力試験（TOPIK）は2級に合格していました。クラスにいる10人くらいのうち、中盤くらいの実力だったと思います。ちなみに、一学年は25人くらいで、半分は「本国班クラス」、あとは普通のクラスでした。いまは「本国班」と呼ぶことはなくなり、そのような分け方はしていないということです。当時は、韓国から一時的に来ている生徒や幼稚園から建国に通っている生徒が「本国班」、いわば上級班に入っていたと思います。今思えば、これもコンプレックスの原因となっていたかもしれません。「下のクラス」のさらに中盤くらいだったからです。

中学生になると、韓国語のクラスは3班に分かれます。韓国語ネイティブの「本国班」、小学生から韓国学校に通う「上級班」、中学から学校にやってきた生徒で構成される「初級班」。僕は「上級班」に所属していました。

ここで、韓国学校の韓国語の先生たちについて話したいと思います。僕の記憶からいえば、先生のうち3分の1は在日コリアンで、ほかは韓国から派遣されてきた先生でした。

中学1年生から3年生まで、韓国から派遣されてきた先生に教えてもらいました。授業の説明はすべて韓国語です。おかげで韓国語のリスニングはけっこうできるようになりました。一学年は50人くらいで、そのうち10〜15人程度は韓国から来た韓国語ネイティブの学生です。そのような学生とは、こちらが日本語、向こうが韓国語というスタイルで話していました。お互いの言語のリスニングはできるようになるのが先で、お互いの言語のスピーキングは難しいという状況のなかで編みだしたコミュニケーション方法でした。

中学生になり、小学生からの蓄積もあって、韓国語のリスニングはある程度できるようになったものの、韓国語のスピーキング、ライティングは苦手でした。

その頃、英語の授業が始まりました。英語科の金明枝（キム・ミョンジ）先生がとても良い先生で、わかりやすい文法の授業を行ってくれました。体系的に英語の文法を学んでいく中で、気づいたことがありました。

「もしかして、韓国語にも文法の体系があるのではないか」

この直感は正しかったと今では言えます。でも、当時は手探りの状態でした。「習うより慣れろ」型ではなく、体系的な文法を学びたい。いつしかそう思うようになっていました。

中学2年生のころ、僕はある先生のもとを訪れました。当時、中学二年の「初級班」を教えていた姜龍子（カン・ヨンジャ）先生です。姜龍子先生は中学生、高校生向けに、ある教科書を使って韓国語を教えていました。生越直樹、曺喜澈著『ことばの架け橋』（白帝社）です。当時使われていたのは2001年の初版でした。大学の韓国語課程でもっともよく使われている定番テキストだといってよいでしょう。

僕は先生の話をきょうだいからよく聞いていました。6歳上の姉、7歳上の兄、8歳上にも兄がおり、姜龍子先生に教わっていたのです。「先生の韓国語の授業は分かりやすい」という評判でした。2番目の兄が使った『ことばの架け橋』を見せてもらい、驚きました。まさに当時勉強していた英語のように、韓国語の文法が体系的に、鮮やかに、整然と解説されているのです。

「これだ、このテキストしかない」

直感的にそう思いました。思い切って、姜龍子先生にお願いしに行きました。

「先生、『ことばの架け橋』をつかって韓国語を教えてくれませんか」

先生はすこし戸惑ったような表情で、「あんたはお兄ちゃんらとは違うのよ」と言いました。「きょうだいのマネをしなくてもいいよ」という意味だったのでしょう。でも、僕が真剣な表情だったのを察知してか、最終的には「いいよ」という返事をもらえました。

それから、放課後の午後5時か6時くらいから週に1時間、先生に韓国語を教えてもらいました。それまでにも韓国語は学んでいたので、もちろん下地はありました。それでも、断片的だった知識が文法という体系によって整理されていくのはとても気持ちがよかった。学んでいて楽しかった。それまで、重荷としてのしかかっていた「母国語」の韓国語が、少し距離をおいた、リラックスした「外国語」として立ち現れた。そんな感じでした。

姜龍子先生の個人レッスンは1年間続きました。中学3年生になり、僕が学習塾に通うようになって中断してしまったのですが。いま思えば惜しいことをしたなと思います。それでも、姜龍子先生から学んだ韓国語文法は、30歳になったいまでも、韓国語学習の背骨となって僕の中に生きつづけています。

いまの語学堂の話に戻ります。いまは5級のクラスに所属していて、一応、上から2番目になります。授業はテキストに沿って進んでいきます。ボランティア活動、スポーツ、身体器官、生活の中の科学。様々な項目があります。それぞれの科では難しい単語、文法をよく習います。ひとつ上のレベル、上級韓国語を目指すためのトレーニングをしています。

中間テストが4月半ばにあり、すぐに結果が返ってきました。リーディング93点、リスニング100点、ライティング93点、スピーキング88点でした。上々の結果でした。単語カードを500枚以上作ったり、シャドーイングをしたり、先生に作文の添削をお願いしたり。努力の成果が出たと思います。

しかし、課題はスピーキング。面談で先生はこう言いました。

「光勲さんは発音、抑揚が日本人の感じがありますね」

そうか、「日本人の感じ」があるのか。日本語ネイティブだから仕方ないとはいえ、少しショックでした。僕はたしかに、日本語の癖がかなり残っているのだと思います。

もう少し正確に言うと、関西弁のイントネーションそのままで韓国語を話しているような気がします。これまで、ずっと関西弁イントネーションの韓国語を使ってきたのです。今さら変えるのは難しい。とはいえ、韓国にわざわざやってきたのは、韓国語の発音をもっと良くして、韓国語を上達させるのが目的です。できれば、将来、大学で韓国語を教えたいとも思っています。

だから、いまの課題は韓国語の発音、抑揚、イントネーションです。正直にいうと、どうやって矯正していけばよいか、すこし途方に暮れています。でも、僕にはまた、直感が働いています。

「おそらく、韓国語の発音、抑揚にも体系立てて整理している人がいるはずだ」

少し調べると、「音声学」はもちろん、「日韓対照音声学」とか「音韻論」というキーワードが出てきます。おそらく、このあたりを調べると、僕の追い求める韓国語発音矯正法が見つかるのではないか。

とはいえ、自分がそれを学んで、それを実践に活かしていけるのか。あまり自信はありません。僕の専門は言語学ではないからです。だからといって、韓国語の先生に質問したといっても、ヒントが得られるのか。わかりません。いまはとりあえず、教科書の本文の音声を一生懸命聴いて、マネするようにしています。こういう地道な方法しかないのか。あるいは韓国人とよく話して、韓国人の発音方法を観察すればよいのか。どういう方法を採っていけばよいか、まだ手探りの状態が続いています。〉

第3章　日韓関係のリアル

「エスパ」の熱狂ライブが映す日韓関係

在日コリアンである僕は、いわば「日本と韓国のはざま」に生きている。日韓関係については、幼いころからずっと関心を持ってきた。自分の生活にダイレクトに関わるからだ。

だが、メディアで報道される日韓関係の姿には違和感を覚えることが多い。普段大阪に住んでいる僕からすると、メディア上での日韓関係は「東京とソウル」、つまり政府間関係にすぎないと思う。「大阪と韓国」の関係はまた異なって見えるのだ。この章では、僕が大阪と韓国で見た日韓関係のリアルな姿をお伝えしたい。

2023年3月15日の大阪城ホール。K-POPの人気ガールズグループ、aespa（エスパ）のライブを見に行った。

aespaは韓国・日本・中国の多国籍グループとして2020年11月にデビューした。「自分のもう一人の自我であるアバターに出会い、新しい世界を経験する」という独特の世界観が人気を呼び、YouTubeのミュージックビデオ再生回数は1億回を突破。楽曲はビルボードのランキングへのランクインを次々に達成している。

ライブ開演の1時間前。グッズ売り場に並ぶと、お目当てのうちわは売り切れだった。スーパーグループの人気ぶりを思い知らされた。メンバーの顔が大きくプリントされたうちわを持っていれば、メンバーからレス（反応）をもらえる確率が高まる。「もっと早く来るべきだった」と後悔した。このときはまだ、後にレスをもらいまくることは知らない。

午後6時半、まっ暗闇のステージを一閃の光が照らし出す。しばしの静寂。ステージが開くと、4人がそこに立っていた。大歓声がホールを包み込む。コロナ禍の制限は緩和され、声を出せる。「かわいい！」「大好き！」の声が飛ぶ。僕もめいっぱい叫んだ。

曲の最中、歌詞に合わせて韓国語でのコール（かけ声）が観客から起こった。会場が一体になる。K-POPグループの現場で、日本の観客から韓国語でコールが起こることにはもう驚かない。言葉の壁なんて簡単に飛び越え、すでに日常の風景となっているのだ。

曲はすべて韓国語だが、MCは日本語で話す場面もあった。メンバーが一生懸命に日本語を話すたび、会場全体から「かわいい〜」の声がこだまする。メンバーは韓国語で話す場面もあるのだが、通訳される前に歓声があがっていた。ということは、メンバーの話す韓国語を理解するファンが一定数いるということだ。ここでもやはり、言葉の壁はすでに存在しなくなっている。

筆者の席はセンターステージからみて最前列だった。メンバーが何度もこっちを見てくれた。筆者の身長は181センチあるので、目立つのだ。手を頭にあててハートの半分を作ると、カリナさんとウィンターさんがハートの半分を作ってくれた。あのaespaが、レスをくれた。夢みたいだった。生きていればいいことがあるものだ。

カリナさんのソロステージには心を打たれた。競争の激しいK-POP界。その中でも、所属事務所のSMエンターテインメントはBoAや少女時代を輩出するなど、超名門だ。彼女がこのステージに立つまで、どんなに高い壁を超えてきたのだろう。その果てしない努力が透けて見える圧巻のパフォーマンスだった。指の関節一つにまで神経が注がれ、繊細ながらも力強さを感じさせるダンス。たった一人で1万人を超える観客を相手にしていた。隅から隅まで作り込まれた素晴らしいステージだった。

ちなみに、aespaは日本語の曲を一曲も出していない。歌詞はすべて韓国語か英語だ。これまでのK-POPグループは日本デビューのために日本語の曲を出し、日本の音楽番組に出て知名度を上げ、そのうえでコンサートツアーを行うという戦略をとることが多かった。aespaは日本向けの活動が必ずしも多くないのに、大阪、東京、埼玉、愛知でツアーを行い、10万人以上を集客している。これは驚くべきことだ。

K-POPの側から見て、日本は重要な場所である。最大の市場であるともいえる。2022年の韓国のCD輸出額は過去最高を更新し、約300億円。そのうち、最大の輸出先は日本である。実に36%を占めている。日本に次いで、中国、アメリカが続く。日本、中国、アメリカの3カ国で、K-POPのCD売り上げの75%を占める。

米中対立や歴史認識問題など、各国の政府間関係は親密で良好とは言い難い。それでも、なんのことはない。3カ国の若者たちはK-POPが大好きなのである。筆者自身、友人の日本人学生や中国人留学生とはよくK-POPの話題で盛り上がる。

なぜ韓国で『スラムダンク』が大人気なのか

ここで、日本でのK-POP人気に対して、韓国での『スラムダンク』人気を考えてみたい。

週刊少年ジャンプで連載されていた大ヒット漫画『スラムダンク』を原作とした映画『ザ・ファースト・スラムダンク（THE FIRST SLAM DUNK）』。日本では2022年12月に公開され、興行収入155億円超、1074万人を動員した（2023年8月時点）。『ザ・ファースト・スラムダンク』は韓国でも大ヒットしている。1月に公開されると、日本のアニメ映画史上最高のヒットを記録。興行収入は400億ウォンを突破し、観客動員数は400万人を超えている（2023年3月時点）。韓国の人口は5174万人で、日本の人口は1億2570万人である（2021年）。両国でいかに『スラムダンク』が愛されたのかがよくわかる。

僕はあるSNSで、「韓国ではなぜ『スラムダンク』がそんなに人気なんですか？」と質問を書いてみた。「子どものころの思い出が蘇りました」というコメントがあったほか、ある30歳の韓国人男性からは興味深いコメントをもらった。
「映画を見てとても感動しました。小さいころには漫画を読んでいましたね。みんなで一緒に読んでいましたよ。当時は日本のアニメがとても人気で、『ドラゴンボール』も流行《はや》りました」

コメントをくれた方はちょうど30歳で、僕と同い年。小学生の頃は2000年代の前半だ。僕が小学生のとき、韓国の本屋に行くと、『ドラゴンボール』と『スラムダンク』のコミックスがずらりと並んでいたのを覚えている。

なにより、『スラムダンク』は韓国式にローカライズされた。主人公の桜木花道はカン・ベクホ、流川楓はソ・テウン。名前が韓国式にされたのである。

『スラムダンク』人気には、韓国政府のある政策が関係している。1998年、当時の韓国大統領である金大中が来日し、衆議院での演説で「日本の大衆文化解禁の方針」を表明した。金大中大統領と日本の小渕恵三首相は、新たな日韓のパートナーシップを構築する「日韓共同宣言」を打ち出した。それ以降、韓国では日本文化が解禁され、幅広く受け入れられた。現在にまでつながる『スラムダンク』人気の裏には、「日韓共同宣言」

の影響がある。

近年の日韓関係は「戦後最悪」といわれるほど悪化した時期があった。しかし、「戦後最悪」の日韓関係のなかで、日本ではK-POPが爆発的に人気を博し、韓国では『スラムダンク』の映画が記録的なヒットとなっている。このアンビバレンス（相反する現象）はどのように理解したらいいのだろうか。

政治ばかり見ていると取りこぼすリアルな関係

戦後日本を代表するリアリズム（現実主義）の国際政治学者、高坂正堯（1934-1996）は名著『国際政治』（中公新書、1966年）のなかで、国際関係の捉え方を次のように提案している。

「各国家は力の体系であり、利益の体系であり、そして価値の体系である。したがって、国家間の関係はこの三つのレベルの関係がからみあった複雑な関係である」

筆者なりに言い換えると、国と国との関係を考える上では、軍事力や安全保障（力の体系）について考えるだけでは不十分で、経済力（利益の体系）や価値観の関係（価値の体系）についても考慮に入れるべきだということだ。

これを日韓関係に応用してみよう。たしかに、政府と政府の関係はギクシャクすることが多い。歴史認識問題が政府間関係にダイレクトに影響する現象はここ10年ほどの日韓関係史を見れば明らかだ。

経済関係はどうか。2021年のレポートを引用すると、「韓国では輸入の10％、輸出の5％、日本では輸出入の5％前後の関係性がある。コロナ禍前ではあるが、訪日外国人数の2位は韓国人、訪韓外国人数の2位は日本人だった」という（https://ippjapan.org/archives/6649）。日本による半導体関連物品の輸出規制（2019年7月）はあったものの、輸出入額ではやはりお互いに重要な存在だ。日韓を行き来する観光客も多い。経済的にはまずまずの関係だといえる。

最後に、価値観である。これは捉えるのが難しい。国と国のレベルでみると、両国はともに民主主義を奉じる国家であるが、歴史認識では異なる部分も多い。

しかし、大衆文化のレベルでみたらどうだろう。これまで論じてきたように、日本の

K-POP人気は高く、韓国の『スラムダンク』人気は熱狂的だ。「小さいころは『ドラゴンボール』と『スラムダンク』を見て育った」という人は、日本にも韓国にもかなりいる。同じ文化を吸収した若者が両国にいるというのは特別なことである。

政治の関係ばかりを見ていると、そのリアルな姿を取りこぼしてしまう。経済と価値観の関係を考えてみると悲観的にならずに済む。日韓の若者たちは、お互いの文化にこの上なく惹《ひ》かれ合っている。そんなことを確認したaespaのライブ、『スラムダンク』のヒットであった。

あまりにも似ているソウルと日本

留学が始まってすぐ、韓国は日本といろんな面でかなり似ていると感じていた。特にソウルは日本と似通っている。生活をする上では日本と同じ感覚で過ごせるのだ。

僕がオランダで1年間過ごした経験も影響している。日本とヨーロッパは文化が全く違った。それと比べると、日本と韓国はかなり似ていると思った。

両国の若い世代はみんなK‐POPを聴いている。韓国ドラマを見ている。アニメが大人気。日韓の若者は同じカルチャーを摂取している。

外食が安いのも共通している。800円から1000円くらいあれば、おいしいものがお腹いっぱい食べられる。ちなみに高麗大学の学食は550円だった。

オランダに留学していた時、食に苦労した。オランダ人の同級生はパン2枚にチーズを挟んだだけのサンドイッチ。とにかく食への関心が薄いのだ。かといって、外食でおいしいものを食べようとすると、2000円くらいは出す必要があった。

韓国は日常の挨拶に「ご飯は食べた?」という表現がある。「こんにちは」のような挨拶表現である。食へのこだわりが強いのだ。やはり日本と似ている。

日本と韓国が文化的に似通っているというのは、考えてみれば当たり前のことだ。地理的に近いだけでなく、戦後の日韓はアメリカの影響を大きく受けてきた。資本主義体制で、今はどちらも民主主義国。文化的には中国からの影響が古くからあるが、独自の文化を作り上げてきた。両国とも巨大なポップカルチャーがあり、世界に輸出している。

ほかの日本人学生に聞いても、「外国という感じがしない」という声が多い。僕も同感だ。ソウルは日本と同じ感覚で過ごせる。その意味では快適だった。

日本からやって来たソウル大公園の桜

日本との共通点でいえば、ソウルには桜が有名なスポットもある。

4月1日、ソウル大公園を訪れた。この日は半袖でも過ごせるほど暖かかった。満開の桜を見ると、まるで日本にいるかのように錯覚した。屋外での花見は気持ちが良かった。大勢の家族連れが花見を楽しんでいた。

実は、このソウル大公園の桜は日本由来である。1981年、韓国政府は日本の朝鮮総督府が公園にした昌慶宮を以前の姿に「復元」しようと、宮内にあった桜をソウル大公園と汝矣島（ヨイド）に移した。現在、ソウル大公園と汝矣島は多くのソウル市民が花見を楽しむスポットとなっている。

ちなみに、朝鮮半島には元々ヤマザクラやエドヒガンが自生していたが、日本由来のソメイヨシノが大々的に植えられるようになるのは大正期である。そもそも、ソメイヨシノ自体の歴史が浅い。ソメイヨシノの発生地は東京で、時期は江戸時代の終わりから明治の初め、1800年〜1875年ごろであった。ソメイヨシノが本格的に拡散するのは戦後で、今では日本の桜の8割をソメイヨシノが占めているといわれる（佐藤俊樹『桜が創った「日本」』岩波新書、2005年）。

筆者はソウル大公園の桜を見て日本にいるかのように錯覚したが、その感性自体が実は浅い歴史の上に立っているのである。

ソウル大公園を散歩していると、ある銅像を見つけた。説明書きを読むと、金性洙（キム・ソンス、1891－1955）という政治家の銅像だった。

金性洙は三・一独立運動の翌年、1920年に「東亜日報」（朝鮮語による民間紙）を創刊し、右派民族主義の中心となった。朝鮮の解放後、韓国民主党党首として政府樹立に貢献し、1951年に第2代副大統領に選ばれたが、李承晩の独裁に反対して翌年辞任。1955年、朝鮮戦争中に避難していた釜山で亡くなった。

韓国の代表的な新聞の創業者で、戦後は副大統領にまでなった人物である。1991年に建てられた銅像は大きくて立派である。

金性洙の銅像。「親日派」に認定された旨が書かれたパネルが掲示されている

だが、銅像に続く道のパネルをよく読むと、意外なことが書いてあった。

「この人物は親日派として認定されました。現在、銅像の移転・撤去について協議中です」――。金性洙は2009年、民族問題研究所が発刊した『親日人名辞典』に名前が掲載された。大統領直属の「親日反民族行為真相究明委員会」でも「親日反民族行為者」として認定されたのだ。「金性洙の言論活動は朝鮮人の徴兵・学徒兵を称賛するものであり、日本の戦争への協力を行った」という理由だった。

東亜日報社の社長（金性洙の曽孫）らが行政自治部長官を相手どり「日帝当時の新

聞記事は信じられず、団体と行事への出席は強制動員に過ぎない」として取消訴訟を起こしたが、２０１７年には最高裁で敗訴が確定した。金性洙の「親日行為」は司法の場でも認定されたのだった。

日本由来の桜と、「親日派」の銅像。家族連れが楽しむ憩いの場には、日韓の微妙な歴史が横たわっていた。

見ていて心配になってくる謎の映画『文在寅です』

日本では評価の分かれていた韓国の文在寅《ムンジェイン》元大統領。彼は現在どうやって過ごしているのだろうかと気になり、ドキュメンタリー映画『文在寅です』を見に行った。中央日報の報道（２０２３年5月24日）によって、文在寅の任期中、映画製作で1億ウォンの支援を受けていたことが明らかになった。「こんなきな臭い映画、見に行かないわけにはいかない」と思い、映画館へ足を運んだ。

映画の感想の前に、僕の文在寅評価を述べたい。実は、文在寅の対北朝鮮政策は最初から「うまくいかないだろう」と思っていた。

僕は修士課程時代、1970年代の東アジアの国際政治について研究していた。具体的には、韓国の核兵器開発計画がなぜ挫折したのかについて研究し、英語で論文を書いた。優秀論文賞もいただいた。

1970年代、表では南北が歩み寄りを見せた時期もあったが、裏ではお互いに激しい競争をやっていた。僕は1970年代からの文脈を知っているので、南北の歩み寄りは結局うまくいかないし、北朝鮮は核を放棄できるわけがないと見ていた。

なぜ北朝鮮は核兵器を開発してきたのか。あるいは、なぜアメリカは日本と韓国とそれぞれ同盟を結んでいるのか。この問いに答えるためには朝鮮戦争（1950－1953）まで遡《さかのぼ》らないといけない。東アジアが現在のような国際関係になってから70年以上の歴史があるのだ。一人の大統領のリーダーシップによって、国際関係を根本的に変えられると考えるのは幻想である。東アジアの国際関係史を学ぶと、自信をもってそう断言できる。

北朝鮮と韓国の対話に感動する在日コリアンは多くいたが、僕は冷めていた。大阪大学での学部生時代から大学院生時代にかけて国際政治学を学んだので、リアリズム（現実主義）が身についているのだ。日本の国際政治学者、高坂正堯の本をすでに引用したが、高坂の著書を読んだ人は文在寅の外交政策を評価するはずがないと思う。

ちなみに、韓国出身の父は当初、南北対話に大きな期待感を持っていた。父は南北対話を伝えるニュースを見ながら涙を見せていた。僕は冷静にこう言った。

「1972年には南北共同声明があったけど、もう誰もその歴史を覚えてないよね。なんなら、韓国は安全保障のために核兵器を開発しようとした。最近だと、あの金大中が『太陽政策』をやろうとしても南北関係は根本的には変わらなかった。北朝鮮が核を放棄するのは無理だと思う。そのためには在韓米軍が撤退するくらいのことがないと無理だよね。思い出してほしいけど、米軍がいなくなった後に朝鮮戦争が起こった。だから、いまの韓国がアメリカとの同盟を破棄するなんて考えられない。でも、それくらいじゃないと、北朝鮮は核を放棄できない。自国の安全保障が成り立たないから。北朝鮮の立場に立ったら絶対そう。結論を言うと、今回いくら首脳同士が話しても、結局なにも変わらないよ」

感動の瞬間に水を差す僕の発言に父は怒ったが、数年たち、「お前の方が正しかった」と言ってくれた。そんな僕が映画『文在寅です』を見た感想を述べたい。

なぜか文在寅はあまり話さない

ソウルの中心部で映画館を探したが、全然上映されていなかった。人気がないのだろう。仕方なく、郊外の映画館に足を延ばした。約90人が入る映画館で、観客は僕を入れて10人ほど。休日の午後4時からの上映にしては寂しい入りである。

映画は単調な作りだ。関係者へのインタビュー、文在寅の農作業、犬との散歩。これらの3つで1時間半が消化された。2時間のうちの、1時間半である。しかも、文在寅自身はあんまり話さない。人柄や功績は関係者がべらべら話す。「その話、本人から聞きたいんだよ」と思う。文在寅が話しているのは、合計して10分もなかった。

関係者が「トランプ大統領との交渉はタフだったが乗り切った」と明かすシーンがあった。こういう話こそ、当の文在寅自身から聞きたい。でも、部下が全部話す。「文在寅、もっと出てきてよ！」と思った。

このドキュメンタリー映画の目的は何だ？　文在寅を持ち上げるための「プロパガンダ映画」だろう。でも、当の文在寅が魅力的に描かれていない。人柄が伝わってこない。たしかに、関係者は「文在寅は人の話をよく聞く」とか言っている。しかし、奥さんとは庭の花をどうするかで揉めているし、人の話を聞いている感じがしない。むしろ、「周りによく話を聞いてもらっているおじいさんだな」という印象を持つ。

文在寅の政治的発言を映画から削除したという報道があったが、この際、そういう話はどうでもいい。僕は途中から、「関係者の話はいいから文在寅自身についてもっと教えてくれ！」と思いながら見ていた。

1カ所だけ、惜しいシーンはあった。農作業に疲れた文在寅が外で寝そべるシーン。文在寅の紺色の靴下がアップで映し出される。このカットはけっこう面白い。しかし、1秒にも満たないくらいで、すぐに別のカットに切り替わってしまった。惜しい。こういうのが見たいのである。

僕は「映画を見たあと、このおじいさんを好きになれるか？」という視点で見ていた。

紺色の靴下のカットは、「この人も普通のおじいさんだな」と思ったが、欲を言えば、靴下に穴が空いているとか、靴下が汚いとか、なんなら素足だともっとよかった。どうでもいいシーンに思えるが、こういう細部を詰めてくれないと、いくら元大統領とはいえ、他人であるおじいさんを好きになることはできないのだ。

「空虚な中心」の周りでべらべら話す関係者たち

映画『文在寅です』のクライマックスは、長年連れ添った愛犬「マル」の死である。弱々しく歩く「マル」の姿は涙を誘う。ここは良いシーンになりかけていた。「マル」の死にむせび泣く文在寅を見たい。「人間・文在寅」を描く絶好の機会だ。

しかし、「マル」の死への文在寅のコメントはなんと、SNSからの引用だった。「こんなチャンス逃すインタビュアーいるかよ！　直接話を聞けよ！」と唇を噛んだ。「マル」の死にむせび泣く文在寅のシーンでもあれば、ましな映画になったと思う。そのチャンスをみすみす逃した製作陣は、ドキュメンタリーの作り手としてはダメだと思った。

「マル」の死に続くシーンで、僕は言葉を失った。

なんと、元大統領・盧武鉉（ノ・ムヒョン）の葬儀のシーンが挟み込まれたのである。驚いた僕は思わず声を上げそうになった。

犬と人間の死に上下をつけるつもりは毛頭ない。しかし、愛犬の死と盧武鉉の死を並べて見せてしまうのは、ドキュメンタリーの見せ方として悪手ではないか。盧武鉉の死は文在寅にとっては人生を根本から変える契機となったはずなのに。愛犬の死と並べるのはあまりに稚拙な編集だと思った。

映画は最後の20分ほどで、駆け足で文在寅の功績を振り返って終わる。取ってつけたような演出だ。それにしても、なんでこんなに文在寅自身のインタビュー映像は少なく、関係者ばっかりなんだろう。

僕の推測はこうである。この映画は文在寅だけをフィーチャーするために作られたのではない。というのも、いくら文在寅をフィーチャーして人気を獲得しても、多選が禁止されている韓国ではもう二度と大統領にはなれないし、政治的には「終わった人」である。それが現実だ。

では、なぜ作られたか。それは関係者の事情である。文在寅政権時代の高官たちは、もし「共に民主党」の候補が大統領選で勝っていれば、今でも政治の実権を握っているはずの人たちだ。文在寅が表舞台を去った後、この人たちが前に出てこないといけない。だから、文在寅という「空虚な中心」の周りでべらべら話す関係者たち、という映画の構成になっているのである。

結論を述べると、「元大統領の生活はこれほど空虚なのか」というのが、映画を見ての率直な感想である。5年間の慌ただしい大統領任期を終えたあと、やることは農作業くらいしかない。多くの人から尊敬され、熱狂のうちに仕事ができた日々から一転し、郊外でひっそり暮らすというのはあまりに寂しい。人間はそれほどのドラスティックな変化に耐えられるのか。僕は真剣に文在寅のメンタルの状態を心配した。

しかも、「反文在寅」を掲げる人たちが今でもデモをしに村にやってくる。これはかなりこたえるはずだ。よく辛抱しているなと思った。

文在寅のSNSを見ていると、わりと頻繁に更新しているし、本屋をオープンしたりしている。僕は「なんで今でもSNSを更新するのだろう。目立ちたいのか。一般人になりたいんじゃなかったのか」と訝《いぶか》しんでいた。

しかし、映画を見てわかった。大統領として重責を背負っていた日々からの変化が急激すぎて、ＳＮＳを更新でもしていないと、あまりに何もない日々に耐えられないのだ。一挙手一投足が注目された大統領としての職責と比べ、農作業しかない日々はあまりに退屈なのだと思う。「おじいさんのＳＮＳくらい許してあげよう」と思った。

大統領制というのは、こういうところが難しい。日本のような議院内閣制だと、元首相であってもそのまま議員として活動する人は何人もいる。なんなら野に下ってからのほうが元気な人もいる。それは人間として自然なあり方だと思う。

想像してみてほしい。毎日スケジュールが詰まった日々から一転、明日からいきなり仕事がなくなるのである。普通なら「燃え尽き症候群」になってしまうと思う。

ドキュメンタリー映画というものは、製作者が意図しない印象が観客に伝わる。製作陣はおそらく、「栄光の日々を終えたのち、余生を充実して過ごす元大統領・文在寅」を描きたかったのだろう。しかし、僕には現在の文在寅の生活は空虚そのものに映った。大統領制の怖さをも感じた。仕事と人間の関係を考えさせられた。

もし、「人間・文在寅」への共感を呼び起こすのがこの映画の目的であったとすれば、意外にもその目的は達成されているのかもしれない。なぜなら、「文在寅、あんな退屈そうな日々で精神的に大丈夫かな」と心配している自分がいるからだ。「人間・文在寅」が魅力的に描かれた続編が仮にあるなら、また見たいと思っている。

日韓の若者たちは歴史問題をどう語り合ったか

Z世代の若者たちは現在の日韓関係をどう見ているのか。2023年7月中旬にソウルで開かれた「第8回日韓青年パートナーシップ」を取材した。2019年から日韓の若者が集まり、歴史問題などの日韓の懸案を話し合うイベントである。

主催者は1999年生まれの在日コリアン3世で、熊本県育ちの李柏真（い・ぺくじん）さん（24）である（年齢は取材当時。以下同）。現在は延世大学で韓国文化や言語について学んでいて、卒業後は航空業界に就職する。李さんは人懐っこい笑顔で、自身のバックグラウンドとイベントの趣旨を語ってくれた。

筆者が取材した「日韓青年パートナーシップ」の集合写真

「僕の母親は在日コリアン2世ですが、日本語しかできないんです。祖父母がそれをすごく残念がったので、僕は小さなころから韓国語の教育を受けました」

日本では、日本名（通名）で学校に通った。「日本にいる間は、韓国人であることは隠していました。やっぱりめんどくさいので。中学から高校の頃、『あいつ朝鮮人やで』と陰口を言われている友達もいて、自分から明かすことはなかった。本名を堂々と言えるようになったのは、日本で韓国ブームが起きた大学生の頃からです」

李さんがイベントを主催しようと考えたきっかけは、２０１９年に韓国で起きた日本製品の不買運動だった。日本が2019年7月に半導体の対韓輸出規制を強化したことを受け、韓国で起きた運動だ。「ノージャパン運動」とも言われている。

「当時、ユニクロの服を着ているだけで、韓国人から『売国奴』とか『裏切者』だと言われた。その頃住んでいた学生寮では日本から来た僕がターゲットになりました。『お前はどう思うんだ』とよく聞かれましたね」

一方向に流れる韓国社会の怖さを感じた。「居酒屋には『Ｎｏ Ｊａｐａｎ』っていうシールが貼られていた。つらい時期でした」

対立が深まる日韓関係。日本と韓国のはざまで生まれた自分に何かできないか。「やっぱり日本人と韓国人は仲良くできると思う。学生のうちに交流しておけば、政治の影響を受けない信頼関係を作れるはずだ」

そこで思いついたのが、若者が集まって討論と交流を行う「日韓青年パートナーシップ」だった。これまで、ソウルや東京、大阪でイベントを開いてきた。

イベントが回を重ねるなか、日韓では政権が代わり、政府間関係は回復の兆しを見せてきた。日本ではＫ-ＰＯＰの流行が続き、韓国ブームが定着。韓国の若者の間では日本旅行がブームとなり、ＴｉｋＴｏｋではＪ－ＰＯＰが大人気だ。李さんは「２０１９年とは雰囲気が１８０度変わった」と実感している。

今回のイベントは２０２３年7月15日から17日にかけて、ソウル市内のユースホステルで開かれた。参加者はスタッフを合わせて約50人。日韓の大学生・大学院生が集まった。討論は午前中に始まり、最終日の発表に向けて準備を進める。10人程度のチームが5つあり、それぞれのテーマは「政治・外交」「社会・文化」「歴史」「ビジネス・民間交流」「在日」。僕は「歴史」チームの議論に参加した。

「歴史」チームの参加者は、日韓で話題となった映画『軍艦島』（２０１７年）を素材として、戦時期の朝鮮人労務動員（いわゆる「徴用工」問題）について発表することになった。難しいテーマだが、日本人学生、韓国人学生が日韓両政府の立場の違いをバランスよくまとめていた。

議論の中で、ある日本人学生が「日本では韓国の立場を知る機会があまりない」と言うと、韓国人学生が「私たちも韓国の立場しか知らなくて、日本政府の主張を知る機会は少ないです」と応じる場面も。それぞれの学生は、政治的になりがちな歴史問題とはうまく距離を取って議論しているように見えた。

「歴史」チームの韓国人女性（22）に話を聞いた。女性は韓国外国語大学の日本言語文化学部で学んでいる。

女性は「強制徴用の問題で議論するなんて、最初は日本の学生と喧嘩になるんじゃないかと思った。これまで生きてきて、歴史問題では『日本は敵だ』という認識しかなかった」と明かす。

「でも、日本人学生はとても優しくて、喧嘩になんてならなかった。競争心が強いのは自分の方だったと気づきました。しかも、調べていくうちに、自分こそ何も知らないんじゃないかと思ったんです。１９６５年の日韓請求権協定は今回初めて読みました。読んでみると、韓国政府が５億ドルを受け取りながら、徴用の被害者に向き合ってこなかった責任があると思いました」

２泊３日でこれほど意見が変わるのかと驚かされたのだった。

原発処理水放出問題についても議論

福島の原発処理水放出問題について発表したグループもあった。韓国の学生はこの問題をどう考えるのだろうか。発表は処理水の放出方法から始まって、ＩＡＥＡ（国際原子力機関）の報告書の客観性について説明し、アメリカや中国の対照的な反応を紹介するという構成だった。冷静かつ理性的で、科学的な内容になっていた。頭の凝り固まった韓国の野党「共に民主党」の国会議員より、柔軟な学生の方が賢いのだ。「共に民主党」は当時、原発処理水を「核汚染水」と呼んで、大々的な反対キャンペーンを張っていた。僕はその様子を冷めて見ていた。ＩＡＥＡの報告書はやはり客観的で信頼できるものだと思うからだ。

僕は、発表していた韓国の男子学生（19）に「とてもいい発表でしたよ」と握手を求めた。学生は「野党の国会議員は日本を批判して票を集めたいだけですよ。だって、ＩＡＥＡのレポートが信じられなかったら、一体何を信じるというのですか？　韓国でもちゃんと科学的な理解をする人が増えることを願っています」と語っていた。

今回のイベントのMVPに選ばれたのは、聖心女子大学1年の日本人女性（18）だった。日本からこのイベントのために韓国に来ていたことが大きな評価ポイントとなった。嬉しそうにはにかむ女性に話を聞いた。

「私は元々K-POPが好きで、来年か再来年から韓国に留学したいと考えています。今回のイベントは先輩から聞いて参加を決めました。原発の処理水の問題を調べたのですが、ニュースとして知っていても、深くは理解していなかった。韓国の学生はフレンドリーなうえ、議論を積極的に引っ張ってくれました。刺激を受けました」

日本の学生にとっても貴重な機会となったようだ。

僕は事前学習会から、討論・発表、最後の打ち上げにも参加した。韓国の学生が柔軟な発想で日韓関係を語るのには新鮮な驚きがあった。日本の学生は一見すると控えめな印象があったが、冷静で理知的な対話を進めるのに一役買っていた。

そして、打ち上げの飲み会は圧巻だった。日韓の学生が入り乱れながら大声ではしゃぎ、肩を組み、酒を酌み交わしていた。20代前半の若いエネルギーに圧倒された。何より、この子たちが未来の日韓関係を作っていくのだと思うと、一筋の希望を見た気がした。

第4章　音楽文化

盛り上がった学園祭

時期はやや前後するが、韓国の学園祭の思い出を綴りたい。

5月後半、韓国は大学の学園祭シーズンだった。学園祭はK-POPアーティストが盛り上げるのが恒例となっている。学園祭はスターになるための登竜門ともなっており、世界的なK-POP人気は学園祭の熱気から火が付いたといっても過言ではない。僕は留学前から、「学園祭には必ず行こう」と思っていた。念願の学園祭だった。

高麗大学の学園祭は5日間行われる。僕は初日の夜8時前に「民主広場」を訪れた。ものすごい人だかりだ。8時半ごろからプロのアーティストが来る予定なので、それに合わせて人が集まっている。広場は平面なので、どれくらいの人がいるのか皆目見当がつかない。雨が少しぱらつく天気。湿度が高いこともあってムンムンとした熱気に包まれている。

ステージ上には、学生サークルのバンド。けっこう本格的な演奏だ。大学の応援歌を歌っていた。観客はみんなこの歌を知っているみたいで、大合唱になっていた。

学園祭の人だかり

観客席には、酒を飲むための席も用意されている。そこかしこで酒宴が行われている。お祭りと酒はセットなのだろう。酒をよく飲むことも韓国の学生文化の特徴だ。

客席は体と体がくっつくくらい密着しているが、マスクをしている人はあまりいない。9割は外している。「韓国社会はコロナ禍を乗り越えたのだな」と思う。

これだけ人が密集しているのは、少し嫌な感じもする。梨泰院の事故が連想されるからだ。だからなのか、人が集中しそうな階段は閉鎖されていた。

準備に手間取ったようで、アーティストのステージ開始は9時前になった。

K‐POPアーティスト、ZION‐T（ザイオンティー）が華やかに登場した。会場は歓声に包まれる。ノリの良いヒップホップが会場を盛り上げていく。曲のサビでは客席から合唱が起こる。僕もつられて一緒に歌う。初めて聴いた曲だったけど、覚えやすいフレーズだったので、その場で覚えて歌った。

わりとストレートなラップのパートもある曲なのに、これだけの多くの人がサビを歌えるのはすごいなと思った。ステージに設置されたディスプレイに歌詞が映っているとはいえ、ほとんどの観客はZION‐Tの曲を知っている。韓国ではヒップホップが日本より身近にあるのだ。

K‐POPグループは男女問わず、ラッパーが必ずいる。BTSは当初、ハードなヒップホップグループだった。韓国では1990年代、K‐POPアーティストたちによってヒップホップが広まった歴史がある。ヒップホップ文化はすでに現地化している。アメリカの文化的影響が強い韓国ならではともいえる。

ライブ中、ZION‐Tが「ソリジローー！（声張り上げろ！）」と客席を煽《あお》ると、ものすごい歓声が起こっていた。大学生の元気を感じた。

次にやってきたアーティストはＡｉｌｅｅ（エイリー）。韓国系アメリカ人のアーティストで、人気らしい。正直に言うと全然知らなかったが、ものすごくパワフルでカッコよかった。会場の一体感もすごかった。Ａｉｌｅｅはパワフルで盛り上がる曲あり、バラードありで、ボーカルの幅がすごく広い歌手だった。

Ｋ-ＰＯＰの世界は奥が深い。日本で紹介されるＫ-ＰＯＰアーティストはアイドル方面にかなり偏っている。僕が知っているのは、ほんの上澄みだ。

最後のアーティストは、ＹＢ（ユン・ドヒョン・バンド）というバンドだった。やはり誰でも知っているバンドらしい。友達によると、韓国の「国民バンド」だという。曲が始まるやいなや、会場中で合唱が巻き起こった。みんなが知っているのがすごい。曲調を日本のバンドで例えると、エレファントカシマシのような感じだ。少し懐かしいサウンドのバンド音楽に、ややハスキーでパワフルなボーカルが被さる。ユン・ドヒョンさんはカリスマ性があった。ギターだけでなくピアノも弾いていて、すごくカッコよかった。

圧倒的な熱気に支えられている韓国の音楽文化

観客はみんな演奏に合わせて歌っている。僕がこれだけ歌える曲って、日本語でもほとんどない。

いまのK‐POPの熱気を日本のポピュラー音楽史で例えてみよう。日本の1980年代のバンドブーム、90年代のJ‐POP全盛期、ゼロ年代のアイドル戦国時代。いまの韓国の音楽文化はそれらを一緒くたにしたような感じなのではないか。

ヒップホップからアイドル、バンドまで、なんでもあり。この日のライブを日本のアーティストで例えると、最初にラッパーのPUNPEE（パンピー）が出てきたと思ったら、次はAI（アイ）がぶち上げて、最後は宮本浩次率いるエレファントカシマシが締める、という感じか。僕の好みの例えで恐縮だが。

これだけ多くの大学生がヒップホップからソロシンガー、バンドの曲まで知っていて、しかも歌えるというのが、日本的な感覚ではちょっと信じられない。K‐POPの奥深さ、底知れなさを感じた。この国の音楽文化はすごい。これだけの若者を歌わせる音楽には理由がある。世界中で人気なのもうなずける。

学園祭はその後も続いたが、僕は初日でバテてしまった。語学堂のテストも重なり、次の日はライブに繰り出す元気は残っていなかった。おかげで、テストではいい点を取れたが、30歳という年齢を感じた。20代前半のようにはいかないのだ。

「民主化」したからこそ生まれたK-POP

1日だけとはいえ、僕が韓国の学園祭に参加して感じたことを述べたい。それは、「K-POPは民主主義下でしか生まれ得なかった音楽である」ということである。

どういうことか。まず、これだけ多くの学生が大学の広場（「民主広場」と呼ばれている）に集まったことから見えてくる、「集会の自由」の保障である。もし、権威主義国家なら、多くの若者が広場に集まることは不都合なことである。目的が音楽だったとしても、いつでも政治的な抗議集会に変貌する可能性があるからだ。若者が自由に集まることが保障されていることは、民主主義社会の特徴だ。

次に感じたのは「言論・表現の自由」だ。アーティストが大勢の前で、自由に音楽を奏でること。音楽はいつでも政治的なメッセージを持ち得る。その可能性を許容できる社会でなければ、このような大規模なライブは行えないだろう。

ここで、金成玟『K-POP 新感覚のメディア』（岩波新書、2018年）を参考に、K-POPの歴史をひもといてみたい。なぜなら、K-POP自体が、韓国の民主化の影響を強く受けてきたからである。

金成玟によると、K-POPの原型が台頭したのは、韓国が民主化した1987年から1997年の間だという。この時期、韓国社会は民主化、市場の開放、国際化という転換期にあった。消費社会化が進むとともに中産階層が拡大し、大衆は新しい音楽を求めていった。それまでの韓国の音楽は日本やアメリカを模倣するものが多かったが、「表現の自由」の拡大とともに、自己の音楽を創出し始めたのである。

1987年の民主化以後、ポピュラー文化を取り巻く環境は一変した。同年の万国著作権条約（UCC）の批准、翌年のハリウッド映画の直接配給開始、1990年の民営放送設立自由化などの措置は重要である。1988年からはイギリスのEMI、ワーナーミュージックなどの海外レコード会社が、韓国市場での直接配給を開始した。

１９９２年、現在のK-POPの元祖ともいえる「ソテジワアイドゥル」がメジャーデビューした。当時アメリカで流行していたヒップホップをいち早く取り入れ、新しいサウンドに乗せた曲は若者世代の圧倒的な人気を得た。

「大勢の若者が一堂に会してヒップホップに酔いしれる」という学園祭の光景自体が、韓国社会の民主化がなければあり得なかった光景なのである。歴史的な文脈を踏まえると、学園祭の光景が少し違って見えてくる。「K-POPは民主主義下でしか生まれ得なかった音楽である」と述べた所以《ゆえん》である。

YOASOBIが「韓国の音楽TV番組に出演」の衝撃

ここまで韓国の音楽について書いてきたが、韓国における日本の音楽の人気にも触れておこう。留学中、特に印象に残ったのは、日本の大人気ユニットYOASOBIのテレビ番組「M COUNTDOWN」（韓国Mnet／通称エムカ）への出演だった。

僕が驚いたのは、日本語でヒット曲「アイドル」を披露したことである。韓国の音楽番組において、日本のアーティストが日本語で曲を披露するのは珍しい。

逆のパターン、つまり韓国のアーティストが韓国語の曲を日本の音楽番組で披露することには違和感がない人も多いだろう。たとえば、韓国のガールズグループ、ＮｅｗＪｅａｎｓは日本の夏フェスでのパフォーマンスが話題を呼んだが、すべて韓国語の曲だった。２０２３年の紅白歌合戦でも韓国語の曲を披露した。それに目くじらを立てる人はいない。それほどまでに、日本では韓国語の曲がポピュラーになり、定着している。

しかし、お隣の韓国で、日本語の曲が音楽番組で披露されるとなると、話は違う。なぜなら、１９９８年に日本文化が解禁されるまで、日本語の曲は放送することさえできなかったのである。海賊版はよく出回っており、日本の歌謡曲が広く聴かれていたという実態はあるにしても、放送のハードルは高かったのだ。

近年、韓国における日本のポピュラー音楽受容は大きく変化しているようだ。韓国に住んでみると、街中で日本語の曲に出会う。韓国ではカラオケ店などの店先にスピーカーが置いてあり、音楽が大音量で流されている。その中で、日本の曲が流れていることが多いのだ。僕は、ＹＯＡＳＯＢＩの「アイドル」も、韓国の街なかで初めて聴いた。

では、ＹＯＡＳＯＢＩは韓国でどう受け止められたか。ＹｏｕＴｕｂｅにある韓国語のコメントをいくつか拾ってみよう。


〈こういう文化交流はいいと思います。韓国のアイドルも日本に行って音楽番組にたくさん出演しているのに、なぜ日本の歌手は韓国の音楽番組に出たことで悪口を言われないといけないのか理解ができませんね〉

〈この歌をエムカ（音楽番組）で聞けるようになるとは笑　よくやった本当に…　どうやったらこんな声が出るんだろう〉

〈日本の歌手がたくさん来て公演してくれたらいい　お互いに音楽交流をたくさんすることによってもっとＫ-ＰＯＰの多様性を育てることになる〉

〈ＹＯＡＳＯＢＩはライブが上手ですね……　わかってはいたけど、本当に上手です（笑）エムカのような音楽番組には韓国人でなければあまり出てこなかったので興味深くもあり、良いですね〉

〈Ｍｎｅｔがこんな部分でオープンマインドで本当に見ていて気持ちがいい。ＹＯＡＳＯＢＩの舞台は素敵でした、良い思い出になることを願っています〉

その他にも韓国語で書かれたコメントを読んだが、いずれも好意的な反応だった。ＹＯＡＳＯＢＩの実力を素直に称賛するコメントにあふれていた。大好評だったことが分かる。

「日韓関係の最高到達点」と呼ばれた日韓共同宣言

くしくも、僕が留学した２０２３年は「未来志向のパートナーシップ」をうたった「日韓共同宣言」の発表から25年の節目の年であった。この宣言は１９９８年10月8日、小渕恵三首相と、訪日した金大中大統領が署名したもので、副題は「21世紀に向けた新たな日韓パートナーシップ」である。政治、経済、文化など、43項目の行動計画がつくられ、「日韓関係の最高到達点」とも呼ばれている。

この宣言をきっかけに、韓国ではそれまで禁止されていた日本の映画や歌謡曲など、大衆文化が解禁された。韓国の映画館で初めて公開された日本映画は、北野武監督の「HANA-BI」である。北野映画は韓国でよく観られている。

1998年に合計約260万人だった日韓の一年間の往来者数は、2018年に1000万人を突破。1998年に約3兆6000億円だった貿易総額が、2021年には約9兆3000億円になった（朝日新聞デジタル、2023年10月5日）。

もちろん、この25年間の日韓関係を見ると、歴史認識問題や領土問題をめぐって対立してきた時期もある。ときのリーダーが変わると、外交関係は揺れてきた。しかし、この本ですでに指摘しているように、文化・市民交流の面では、日韓関係は着実に進展してきたといえる。

これまでは日本側がK-POPを消費する側面が目立ってきたが、近年は韓国が日本のポピュラー音楽を消費する側面も目立っている。その象徴がYOASOBIの「アイドル」の流行だと思う。

2023年末の紅白歌合戦でYOASOBIが「アイドル」を披露したとき、大勢の

K-POPアーティストたちがダンスを披露して盛り上げたことも話題となった。このステージは生放送で見ていて、あまりに豪華な顔ぶれのパフォーマンスに感動した。「アイドル」はこのステージのために作られた曲であるとすら思った。

韓国人はYOASOBIに熱狂し、日本人はNewJeansに心を奪われる。そんな時代がすでにやってきているのである。

第5章　在日コリアンの微妙な立場

日本人？　それとも韓国人？

僕は日本では「韓国人」として扱われることもあるが、「日本人」として扱われる場合も多い。国籍は大韓民国であり、韓国のパスポートを持っているから「韓国人」なのかといえば、必ずしもそうでもない。初対面の人に「国籍は日本ですよね」と言われる場合も多くある。これは仕方ないと思う。僕の生活様式は完全に日本だ。流暢な関西弁を操り、日本語を扱う文筆業を生業としている。

だが、行政の場に出ると、全く違う。完全に「韓国人」として扱われる。厳密にいえば、「特別永住者」という立場だ。「特別永住者」とは、戦前から日本に住んでいた在日韓国人・朝鮮人・台湾人とその子孫を指す。統計を見ると、僕のように「特別永住者」で韓国籍の人は、約25万7０００人である（２０２３年6月末現在）。

とはいえ、「特別永住者」は「外国人」であることには変わりないので、僕は「特別永住者証明書」というカードを持ち歩いている。日本を出るときには再入国の手続きが一応必要だ（2年以内なら「みなし再入国許可」という制度を使えるので手続きは簡単だけれど）。このように、日本では、日常の場では「日本人」として扱われつつ、行政の場では「韓国人」として扱われるのである。

韓国ではどうか。これもまたややこしい。行政の場にいくと「在外国民」として扱われる。「外国に住んでいる韓国人」という意味だ。では、日常の場ではどうか。これもやはり、場合によって違う。「日本から来た」と自己紹介をすると「日本人」として扱われる。「両親は韓国人なんです」と言うと、「韓国人」として扱われたり、「そう言いつつ日本国籍なんでしょう？」と言われたりもする。総じていうと、初対面の人には「日本人」として扱われることが多かった。

日本という国は、国籍の面では「血統主義」をとっている。つまり、両親のどちらかが日本国籍でなければ、その子供は日本国籍を付与されない。アメリカは「出生地主義」であり、アメリカで生まれたら、その人は無条件でアメリカ国籍を付与される。ちなみに韓国は「血統主義」の国である。だから、この論理でいくと、僕の両親はどちらも韓国籍なので、僕には韓国籍しか付与されず、日本国籍は付与されないのである。

だが、こんなややこしい法制度は日本でも韓国でも全然知られていない。「日本で生まれたら日本人でしょう」という感覚の人がほとんどだ。それは仕方ないと思う。自然な感情なのだろう。それで嫌な気は特にしない。でも、あまりの無理解に辟易《へきえき》とする場合もある。それが在日コリアンの置かれた微妙な立場なのである。

韓国人女性の言葉に傷ついた

韓国では腹の立つこともたびたびあった。飲み会の席での出来事だ。先に述べておくと、「韓国で差別された」とか、そういうことが言いたいわけではない。僕は物書きなので、あったことをそのまま書くのみである。

飲み会の席で初めて会った30代くらいの韓国人女性に、英語でこう言われたのだ。

「Can you speak English? Because your Korean is not fluent.（あなた、英語を話せる？　あなたの韓国語は流暢じゃないから）」

驚いてすぐに反応できなかったが、やがて怒りでワナワナ震えた。こんな侮辱はない。「あなたの韓国語は流暢じゃない」なんて一番言われたくない言葉だ。おまけに「韓国語じゃなくて英語を話せ」と言われているのだ。

僕は母語が日本語で、韓国語を勉強するために韓国に留学しに来ている。韓国語のレベルは中級~上級くらいだと思う。当時、語学堂では、上から2番目のクラスに所属していた。韓国語能力試験の6級（最高級）に合格したこともある。

その韓国人女性の言葉は、僕をバカにしているだけでなく、韓国語を学びにわざわざソウルにやってきた僕の人格を否定する言葉だと感じた。

在日コリアン三世として育った僕が、どんな思いで韓国語を勉強してきて、語学堂にいま通っているのか。少しでも想像力を働かせてほしい。とにかく悲しかった。

怒りを鎮めるため、まずは深呼吸をした。少し時間をおいて、僕は韓国語でこう言った。

「どうして英語で話すんですか。悲しいです。傷つきました」

場の空気が固まった。シーンとした。その人は驚いて目を丸くして、キョトンとしていた。理解できていなかったのだと思う。

すると、僕の知人が加勢してくれて、「この人は韓国語を聞き取れますよ。私たちの話を理解しています」と言ってくれた。

今振り返ると、「一言でそんなに怒らなくても」という気もする。だけど、いざ面と向かって言われると、尊厳を傷つけられたような気がした。侮辱されたと感じた。こういう人は一度も外国に出たことがないのだろう。想像力のない人だから相手にする必要はないが、だからといって何を言われてもいいわけではない。

いまの世の中、やっぱり言われた側がどう感じるかが重要だと思う。近年、ハラスメントの認定基準は、言った側の意図とは関係なく、言われた側の主観的な感じ方が重視される。傷ついたときには「傷ついた」と言う権利はあるはずだ。自分の気持ちを表明する機会は保障されるべきである。

近年、このような発言は「マイクロアグレッション」と呼ばれている。マイノリティの属性をもった人に対して無意識に尊厳を傷つけたり、敵意を示したり、排除したりする言動を指す。「日常に潜む攻撃性」と説明されることもある。

僕は、日本でもたびたびマイクロアグレッションに出くわすことがある。初対面の人に名前を名乗ると、「日本語が上手ですね」とか「日本には長く住んでいるのですか」と言われることがあるのだ。もちろんイラッとする。僕は古文が昔から得意だし、日本史はセンター試験でほぼ満点だったし、今でも明治期以降の外交文書や擬古文はスラスラ読める。ライターもしているし、「あなたより日本語能力は高いですよ」と思う。生粋の大阪生まれで、関西弁をこんなにべらべら話しているのに、「日本に長く住んでいるか」なんて愚問でしかない。

でも、僕はそうとは言わないようにしている。角が立つからだ。「ああ、日本生まれ日本育ちですから。日本語の母語話者ですよ」と丁寧に答える。大人の対応を心がけている。ただ、僕だけが大人の対応をしないといけないというのもまた変な話である。

在日コリアンは日本でも韓国でも差別される？

在日コリアンの間でよく言われてきた話に、「在日コリアンは、日本でも韓国でも差別される」というものがある。

たしかに、在日コリアンは日本ではいまでも一部の公務員になれないし、選挙権はない。韓国に行っても、在日コリアンは韓国語がうまくないということもあり、差別されることがある。在日コリアンが置かれたそのような状況を指し示す言葉として、僕も何度か聞いてきた。

ただ、僕はこの言葉をそのまま現代に適用できるとは思っていない。出所はよくわからないが、在日コリアンがわりと自由に日本と韓国を行き来できるようになった1980〜1990年代ごろから言われるようになったのではないか。その時代はまだわかる。日本での差別はきつかったし、韓国でも「よそ者」として扱われていた。

ただ、現在の状況は、日韓ともにかなり変わっている。日本では、在日コリアンが国家公務員や地方公務員の管理職になれない状況、選挙権がない状態は続いているが、両親の世代と比べると、制度的な差別はある程度改善されてきたのも事実である。僕の母(1961年生まれ)は韓国籍であることが理由で、日本の企業には就職できなかったし、「外国人登録」のために指紋を押さなければならなかった世代だ。

1970年代から1990年代にかけて、在日コリアンによる裁判闘争、日本人と協力した市民運動がさかんに行われた。運動の成果によって、就職差別はかなり改善され、指紋押捺《おうなつ》の義務もなくなった。在日コリアン三世である僕は就職活動の時に差別を感じたことはほとんどなかったし、大手の新聞社に勤めることもできた。1992年生まれの僕は「外国人登録」のために指紋を押した経験もない。

「日本語がうまいですね」というようなマイクロアグレッションはたびたびあるが、日本で露骨に差別された経験はほとんどない。ただ、数が少ないからこそ、強烈に覚えているのもまた事実である。

小学校1年生の頃、近所に住む同い年の男の子と遊んでいた時、急に「お前は韓国人だから」と仲間に入れてもらえなかったことがある。それまでは普通に遊んでいて、自分は友達だと思っていたのに。驚いて言葉が出なかった。悔しかった。

大学生の頃、道端で通りがかったおじさんに、「おい、朝鮮人だろ、お前」と急に言われた。差別用語を繰り返し言われた。500メートルくらい付きまとわれた。怖くて何も言えなかった。恐怖で体が硬直した。

2年前、近所の居酒屋で、横のテーブルに座っていたおじさんが店主との会話で「あの辺の地域、朝鮮人多いやろ。俺、朝鮮人嫌いやねん」と話していた。抗議したが、無視された。店主が迷惑そうにこちらを見ていたので、足早に店を出た。

2015年ごろ、ヘイトスピーチの現場に行ったこともある。聞くに堪えない言葉がまき散らされていて、心底参った。十円禿げが頭にできた。「『出て行け』と言われているし、日本にはもう住めないのではないか」と、その時は本気で思った。

こういう差別の経験はたしかにあるが、日本で30年間生きてきて、この程度といえばこの程度である。個人的な経験を数えたら4~5回くらいだ。オランダに1年間留学しているとき、アジア人の見た目をしているだけで5回くらい差別的な言動をされた。それよりは頻度としてはずっと少ない。日本での差別で傷ついた経験があるのもたしかだが、両親や祖父母の世代と比べたら状況は改善していると思う。

僕は、日本での差別体験を強調する意図は全くない。優しくて親切な日本の友達に多く恵まれてきたし、差別から守ってくれた友人もいる。このような体験談に耳を傾けてくれる人はいつもそばにいた。嫌な体験をしても、日本社会への信頼を失わなかったのは、大切な友人たちのおかげだ。僕は運がいい。周りの人には心から感謝している。

韓国の状況はどうか。K-POPやドラマが世界的な人気を博している。韓国を訪れる外国人は増えた。在日コリアンへの理解が進んだかは別として、韓国に来る外国人自体が増えたので、移住者、移民者への理解は以前よりは進んだだろう。

だから、在日コリアンの間で伝わってきた「日本でも韓国でも差別される」という言説は、現在ではそのまま通じないと思う。

でも、こういう「言い伝え」というのは、伝えられるだけの理由がある。何かしらの真理を含んでいるからこそ、人から人へ、世代を通じて伝わるのだ。

この「言い伝え」を僕なりにアップデートしてみると、「日本でも韓国でもマイクロアグレッションを受けることがある」となる。在日コリアンという存在をよく理解しない人からの素朴な言葉に傷つくことは、日韓を問わず、今でもある。

日本で「日本語がうまいですね」と言われるとき。あるいは韓国で「あなたの韓国語は流暢じゃないから」と英語で話されるとき。僕の心はやっぱり傷ついてしまう。

同じ社会に住んでいる人として対等に扱われない感覚。いつまでも「よそ者」として仲間に入れてもらえない感覚。そうした感覚を抱かせてしまう言葉こそ、マイクロアグレッションだ。

僕は、韓国語を「取り戻したい」と思って韓国にやってきた。母は大阪で生まれた在日コリアン二世で、韓国語は話せない。母方の祖母は6歳のとき、韓国から日本にやってきた。小さい頃は韓国語を話していたらしいが、日本での生活が長く、韓国語を話せなくなった。祖母が一度獲得し、失ってしまった言語。それが韓国語だ。

でも、「取り戻す」というのは本来、おかしな話である。僕にとって、韓国語は「外国語」のはずだ。母語ではない。母語とは生まれながらにその言葉を話していることを指す。僕の母語は日本語だ。僕は大阪で生まれ育った。人生の大半を大阪で過ごしてきた。酸いも甘いも、苦い思い出も楽しい思い出も、大阪にある。

僕の父方の祖母は2022年まで、済州島で生きていた。102歳で亡くなった。父と父方の祖父母が暮らした国。母方の祖父母が生まれた国。それが韓国だ。

だから、韓国語は母語ではないという意味では「外国語」といっても、ただの「外国語」ではないのだ。僕の母方の家族が一度失ってしまった言語。父方の家族が話す言語だ。それは母語でもなければ、単なる「外国語」でもない。「外国語」として突き放して学んでいくには、つながりが強すぎる。こうやって僕が学んできた韓国語を、韓国人から侮辱されるのはたまったものではないのだ。

「ホームレスは汚い」に痛快な反撃

僕はどうやって言い返したらよかったのだろう。何が正解だったのか。その後も自問自答していた。当時、ある映画を見て、その答えが出た。

人気俳優パク・ソジュンと歌手・俳優として活躍するＩＵ主演の映画『ドリーム　狙え、人生逆転ゴール！』（２０２３年）である。舞台挨拶がある回を見に行ったので、ＩＵを生で見ることができた。僕はＩＵの大ファンだ。ＩＵはスタッフがやるようなことも率先してやる上、ほかのベテラン俳優たちへの敬意も感じられて、「さすが人間性が違う。尊い」と思った。その時の様子は第2章でも書いたとおりだ。

映画は、ホームレスのおじさんたちがサッカーチームを作り、ホームレスのチームが世界中から集まるワールドカップに出るという話だ。笑って泣ける、ヒューマンコメディ作品だった。

劇中、「ホームレスは汚い」と語る人物がいた。直接的な偏見だ。この発言に対して、ホームレス支援に携わる男性がこう言い返す場面があった。

「言わせてもらいますが、ホームレスは汚い存在なんかじゃありません。あなた、友達いないでしょう?」

思わずガッツポーズをしたくなるような、痛快なシーンだった。世の中の偏見、先入観に真っ向から対峙《たいじ》する支援者の男性に拍手を送りたくなった。

そうだ。これだ。「友だちいないでしょう(韓国語で「チングオプチョ」)」だ。これは強力だ。相手にグサリと突き刺す言葉。偏見に対して戦う武器となる言葉だ。「口撃」は最大の防御である。もし、また「あなたの韓国語は流暢じゃないから」と英語で話されることがあったら、今度からこのセリフを言おうと思う。

親戚との再会

2023年8月25日から27日にかけて、韓国南部、全羅南道にある麗水(ヨス)市と光陽(クァンヤン)市を訪れた。母方の親戚に会うためだ。日本から、叔父さん(母の弟)の家族3人がやってきて、僕は通訳としてお墓参りに同行した。

光陽市にある筆者の先祖の墓

光陽市には、母方の祖父系列のお墓がある。お墓は山並みの中にあるが、きれいに手入れがされていて、日よけがついた休憩所まであった。僕から見て曽祖父の代からの人たちがみな、そのお墓に入っている。25人も入っているらしい。石碑には男系の名前が代々刻まれている。叔父さんの名前も石碑に彫られており、それを見た叔父さんは感慨深かったようだ。

光陽市の親戚とは、4年ぶりに会った。みんな僕のことを覚えてくれていて、ありがたかった。歓待を受けた。親戚のおばあさんは泣いて喜んでくれた。僕も嬉しかった。固い握手をかわした。

麗水市には、母方の祖母系列の親戚たちが住んでいる。先祖が眠るお墓に行った。こちらは伝統的な、土を山型に盛った形のお墓だった。お墓参りのあと、鱧《はも》を食べに行った。刺身や湯引きにして食べる鱧は絶品だった。

韓国には、族譜（チョクポ）という家系記録が各家庭にある。代々の家族の名前や生年月日、居住地や没年月日が記録されていて、600年も前にまで遡ることができる。東アジアの儒教圏では伝統的に見られる風習だ。族譜を見せてもらい、家族関係を説明してもらった。

僕の家は、母方の祖父母の代で、朝鮮半島から日本にやって来た。2人がすでに亡くなった今、その経緯を詳しく知るすべはない。しかし、祖父母の歩んできた道を改めてたどりなおすことで、想像することはできる。

家族や親戚から聞いた話を総合すると、祖父母は戦前、1930～40年代に、朝鮮半島から日本にやって来た。その頃韓国南部の農村は疲弊しており、日本に仕事を求めて多くの朝鮮人がやってきていた時期だ。基本的には家族の意志で来たようである。戦後に帰国しなかったこともその傍証となっている。

来た時期は戦争の前後なので、何らかの戦時動員があった可能性も捨てきれない。当時の朝鮮人が戦時動員から全く無縁であったとは思えないのも事実だ。もちろん、当時の日本人がそうであったのと同じ意味においてである。

この辺りの家族の歴史は、僕自身もまだよくわかっていない。母方の祖母から聞いた話では、祖母の父が日本に仕事をしに来ており、それで家族を呼び寄せたらしい。1940年代、戦争が激しかったころ。祖母が6歳のときだった。昭和5年生まれの祖父は5歳の時に日本にやってきたようだ。今後、何かしらの方法で「ファミリーヒストリー」についても研究を深めたいと思っている。

2泊3日のお墓参りを通して、自分と韓国との縁をまたひとつ確認できた。先祖たちの系譜を知り、韓国との深い縁を感じた。日本から来た叔父さん家族は、通訳をした僕にとても感謝してくれたし、韓国にいる親戚からも褒められた。「君が韓国と日本の家族をつないでくれたね」と言ってもらえた。嬉しかった。語学堂での勉強が役に立った。頑張ってよかったとしみじみ思う。

韓国がもっと身近になった。ぼんやりとしていた韓国のイメージが、徐々に輪郭を持って現れてきたのだった。

等閑視されている「在日コリアン」という存在

冬のある日、ソウルで日本人の友人とチムジルバンに行った。韓国式サウナである。炭で暖められた洞窟のような窯のチムジルバンだった。

マイナス10度にもなった日だった。チムジルバンで暖を取っていると、おばちゃんたちに話しかけられた。僕が友達と日本語で話をしていたからだろう。「日本人も来ているんだね。日本人は静かだからいいね。韓国人や中国人はよくしゃべってうるさいけどね」と言われた。「そうですか。でも、チムジルバンにこんなに人が多いなんて知らなかったです」と、僕。「おお、韓国語うまいね」と言ってくれた。

これが留学当初の僕だったら、「日本人」と思われたことや「韓国語うまいね」という発言には少なからずショックを受けていたと思う。日本人と思われることが嫌だという意味ではない。こんなに頑張って韓国語を勉強したのに、結局「韓国人」の仲間に入れてもらえないことに、残念な気持ちがするのだ。

でも、今は「日本人に思われるよね、普通に」と思う。そんなにショックを受けることではないと思うようになった。例えば、日本で、韓国人の友達と韓国語を喋っていたら、当然のように韓国人に思われるだろう。それと同じだ。

ほかの場面でも、似たようなことがあった。

ソウルのある会社の忘年会に、ゲストとして参加させてもらったとき。初めて会った人と話すと、「日本人なんですね」と言われた。つまり、「日本から来たこと」＝「日本人である」という前提で話されたのだ。「在日コリアン」という存在は全く等閑視されている。在日コリアンがいるとは思われていない。チムジルバンのおばちゃんもそうだ。在日コリアンが存在するなんて、理解の範疇《はんちゅう》にないのだ。

これはやっぱり寂しいし、悲しいと思う。だって、あまりにも、日本と同じ状況だからだ。

たとえば、僕は日本で自分の名前を名乗った時、よく「韓国から来たんですか？」「日本語がお上手ですね」と言われる。在日コリアンという存在が全く想定されていないのである。こういうやり取りは「あるある」で、僕はいちいち目くじらを立てることはしない。丁寧に説明しようと心がけている。

日本では、残念ながら、「名前」＝「国籍」＝「出身地」＝「第一言語」＝「民族」＝「アイデンティティ」という、強烈な「イコールの方程式」が成り立ってしまっている。「すべて一致するべきだ」と信じ込んでいる人が多い。強固な価値観として社会に存在している。これらの概念はそれぞれ異なること、独立して存在していることはあまり考慮されない。

たとえば、僕の場合、「名前」は韓光勲で、「国籍」は韓国、「出身地」は大阪、「第一言語」は日本語、「民族」は韓国人、「アイデンティティ」は在日コリアンだ。日本か韓国のどちらかに統一されていない。それには歴史的経緯がある。このことを初めて会った人に理解してもらうのは骨が折れる。

とはいえ、こういう固定観念が悪いことだとは思っていない。義務教育でこんなことは教育されないからだ。人生の中で在日外国人と出会わない人がいるのもわかる。

残念ながら、このような日本の状況と韓国の状況は似ている。名前や出身地、第一言語がすべて「韓国」で統一されていて初めて「本物の韓国人」になることができる。そういう強固な考え方が存在する。同質性の高い社会なのだ。「ナショナリズム」と呼んでもいい。この発見は残念であったと同時に、「仕方ない」と諦めることにした。「日本では韓国人」と思われ、「韓国では日本人」と思われる。それが在日コリアンだ。日本と韓国のはざまにいる存在。僕は在日コリアンをそう定義するようになった。

そのような現状は悲しい気もするが、それと同時に、在日コリアンは「社会の常識」を揺り動かす存在になれるとも思う。

もし、「あなたは韓国人の名前なのになぜ日本語が話せるんですか?」と質問されたり、少しでもこういうテーマに関心のある人に出会ったりしたときは、「名前や言葉、国籍、民族、出身地って、本当にいつも一致するものでしょうか?」と逆に質問してみたい。その人の常識を揺り動かしたい。

そうやって問いかけることくらいしか僕にはできない。新たに出会う人にそうやって質問していけば、僕の周りにいる人の持つ「常識」をちょっと変えることくらいはできる。地道だが、そうやって生きていきたいと、今は前向きに考えている。

チャーシュー丼がこんなにおいしいとは！

留学期間は、残り2カ月となった。この時期から、僕は自分のなかの「日本人らしさ」をよく感じるようになった。というのも、辛い料理が全くダメになったのだ。

元々、辛い料理は少し苦手で、好んで食べるほどではなかった。日本ではキムチ鍋をよく食べるし、トッポッキや辛ラーメンなども食べていた。でも、韓国に来て、こちらの辛い料理のレベルが高すぎることに気付いた。トウガラシの量が全然違うのだ。

辛い料理となると、本当にものすごく辛い。食べると汗が止まらなくなってしまう。留学の後半からは、辛い料理を積極的に避けるようになった。そうなると、食べられる料理の種類がかなり限られてしまう。ハンバーガーやパン、キンパを食べてしのいだ。これはなかなかつらかった。

日本人の友人とチムジルバンに行った日の帰り、新村（シンチョン）で、「三味堂」という日本風のラーメン屋に行った。チャーシュー丼と醤油ラーメンを食べた。これが、絶品だった。特にチャーシュー丼がおいしかった。醤油ベースの甘いタレがかかっていて、泣きそうになるほどおいしかった。僕の味覚は「醤油口」なのだ。「トウガラシの口」ではない。それがよくわかった。醤油ラーメンもおいしくいただいた。「醤油って素晴らしいな」と思った。

このように、韓国に長くいると、自分のなかの「日本人らしさ」を感じることになった。これは意外な発見だった。甘いタレのかかったチャーシュー丼があんなにおいしいなんて。韓国料理では甘さを感じることは少ないし、甘さには必ず辛さが調合されている。

僕は甘い味付けの料理がすごく好きなんだとわかった。照り焼きとか、焼き鳥とか、甘ダレのかかった鰻とか。これはかなり日本的な味覚だろう。

実は、外国に行って、「日本」が好きになって帰って来るというのはよくあることだ。外国に行ったからこそ、自分のなかにある「日本」を発見するのだ。

たとえば、僕は数学者でエッセイストの藤原正彦が書いた留学記『若き数学者のアメリカ』（新潮文庫、１９８１年）という本を愛読している。ドタバタの奮闘記が何より面白いし、英語が最初は全くダメな状態から授業までできるようになっていくプロセスには勇気づけられる。でも、ベストセラーになった『国家の品格』（新潮新書、２００

5年）までいくと、日本を相対化して見れているのかなと少し疑問に思う。

ここで重要なのは、藤原正彦はアメリカに留学した経験があったからこそ、後に『国家の品格』を書いたであろうことだ。アメリカの地で、自身のなかにある「日本」を発見し、それが後の著述活動につながったといえるだろう。

もちろん、「日本」を心から好きになって帰ってきてもそれはそれでいい。だが、僕は一応、大学院では社会学を勉強していて、ナショナリズム論とかエスニシティ（民族性）論についても勉強しているので、日本社会を相対的に見れなくなってしまうのはマズいと思う。かといって否定的になる必要もない。僕は出身地の大阪に心からの愛着を持っていて、「帰りたいな」とよく思う。「好きか嫌いか」と聞かれたら、「好きだ」と答える。日本の良いところはたくさん挙げられる。

それと同時に、「日本は好きか嫌いか」という質問をしてくる人にはちょっと嫌な感じがする。そういう人とは付き合いたくない。微妙なところである。

僕と「日本」や「韓国」との距離については、今後も考えつづけていくだろう。それが日韓のはざまに生きる在日コリアンの性《さが》だと思っている。

第6章　大阪に帰りたい

1年間留学して改めてわかった僕の本当の居場所

2024年1月末、韓国での約1年間にわたる留学生活が終わった。率直な気持ちを書き残しておこう。

実は、当初は2月末まで韓国に滞在する予定だったが、帰国を早めた。年末年始は大阪に一時滞在していた。私事だが、2024年3月に入籍する準備を進めていたので、顔合わせをしていたのだ。つつがなく終わり、1月半ばにソウルに戻った。

すると、不思議なことが起こった。強烈なホームシックに襲われたのだ。

「大阪に帰りたい。愛する彼女や家族、友達が待つ大阪に戻りたい。僕のホームグラウンドは大阪だ」

強くそう思った。

ソウルは孤独だ。友達はいるけど、みんな忙しそうで、しょっちゅう会えるわけではない。大阪に戻れば、家族と毎日話せる。ソウルでの一人暮らしは部屋が狭いし、誰とも話さない日もある。あまりにも孤独だ。「こんな生活は嫌だ」と思った。

不思議なものだ。僕は自分のルーツを探しに韓国へ来たはずである。でも、ソウルでの生活は孤独だった。寂しくてたまらなかった。ソウルという場所自体が問題なのではない。誰と生活するかが重要だ。残念ながら、研究を主体にした一人暮らしをすると、孤独にならざるを得なかった。

この問題は、仮に僕が東京で生活しても発生すると思う。高度に発展した都市である東京やソウルは近所付き合いがあるわけでもない。一人暮らしだとすぐに孤独になる。ソウルで住んでいた家賃6万円の狭小住宅は、孤独感に拍車をかけた。

「大阪にとにかく早く帰りたい」――。これが韓国生活の最後に強く感じたことだった。留学生活は楽しい時期もあったが、所詮は見知らぬ土地。孤独感には勝てなかった。韓国が嫌いになったわけではない。ソウルは便利だし、住むのはけっこう気に入っている。とはいえ、やっぱり家族がいる場所に住みたい。当たり前の話だ。ホームシックにおそわれて帰国を早めるなんて、留学前には全く予想していなかった。

深いところからアメリカナイズされている韓国の人々

ソウルの印象についても書いておこう。「韓国は日本と似ている」とすでに書いた。グローバル都市となったソウルは大阪や東京と似ている。ただし、それはアメリカからの影響が強いという意味においてだ。ソウルでは、アメリカナイズされた人々の姿が印象に残った。

日本が韓国を植民地化したのは、1910年から45年までの36年間である。それよりも、1953年から現在までの米韓同盟のほうが2倍長い。現在のソウルで、日本の植民地時代の痕跡を見つけるのは難しい。それに比べて、アメリカの影響を見つけるのは簡単だ。そこかしこにある。

スターバックス、マクドナルド、バーガーキングがたち並ぶ資本主義の消費空間。若者はアイフォンを持ち、エアポッドを耳にさしてK-POPを聴いている。腕にはタトゥーが見える。手にはアイスアメリカーノ。好きな映画はスーパーヒーローが活躍するマーベル映画。週末は家族でショッピングモール。かなり単純な枠に当てはめているが、これがソウルで見た人々の生活様式だった。そこには「アメリカの影」が色濃かった。

一つずつ説明していこう。K-POPはアメリカのヒップホップ音楽からの影響が色濃い。そこに日本のアイドル文化が混ざって、さらに韓国的な感覚がミックスされているのが面白い点だ（金成玫『K-POP 新感覚のメディア』岩波新書、2018年）。だが、一義的にはアメリカのヒップホップ音楽、つまり黒人文化からの影響が強い。

ソウルではタトゥーをしている若者が多いのにも驚く。真面目そうな青年でもタトゥーをしている。日本におけるタトゥーは反社会的なイメージがつきまとうが、韓国ではそういった感じはない。カジュアルでポップなタトゥーだ。これもアメリカの影響が強いのだろう。ちなみに、韓国の銭湯に行くと、タトゥーをしている人をよく見かける。日本のように「タトゥーが入った客の入浴禁止」ではない。

街を歩く若者が飲んでいるのはアイスアメリカーノである。夏は特にガブガブ飲まれていた。僕もよく飲んだ。エスプレッソを水に溶かした薄いアメリカンコーヒー。名前がズバリ、「アメリカ」だ。

韓国はハンバーガー屋が多い。バーガーキングがそこら中にある。韓国オリジナルのハンバーガーチェーンもある。ハンバーガー好きの僕にとっては嬉しい環境だった。ハンバーガー、やっぱりここでもアメリカだ。

日本でもすでに有名になったように、韓国はフライドチキン大国だ。甘辛い味付けの「ヤンニョムチキン」だけでなく、いろんな味のチキンが楽しめる。最近はローストチキンが人気だ。そもそも、フライドチキンは骨付きの鶏肉をおいしく食べられるように考案された、黒人のソウルフードだ。ここでもやはり、アメリカの黒人文化からの影響がある。

韓国は、朝鮮戦争を経てアメリカと同盟を結び、軍事的にはアメリカの庇護《ひご》のもとに置かれた。南北分断状態のなかでアメリカが果たす役割はとても大きい。

アメリカの影響力は軍事的な意味にとどまらない。経済、文化、社会……。さまざまなレベルで大きな影響を及ぼしている。英語からの外来語も多い。深いところから人々はアメリカナイズされている。それが今回の留学でよくわかった。

冷戦期から変化していない南北対決の構図

70周年をすでに迎えた米韓同盟はこれからも続くだろう。文在寅政権時、統一に向けて「在韓米軍は一体どうなるのか」という議論が起こった。北朝鮮の立場からみると、在韓米軍、つまり米韓同盟は目の上のタンコブである。当たり前だが、北朝鮮が仮想敵国だからだ。

あれほど北朝鮮に宥和《ゆうわ》的であった文在寅政権ですら、在韓米軍を撤退させなかった。というより、撤退を許容できなかった。アメリカのカーター政権が１９７０年代に在韓米軍撤退政策に「挫折」した歴史（村田晃嗣『大統領の挫折』有斐閣、１９９８年）とともに、このことは記憶されていい。

朝鮮半島統一のためのロードマップを描くなら、在韓米軍の撤退は必須になってくるはずだ。だが、韓国が在韓米軍の撤退を許容することは今後もないと思う。

まず、米軍の撤退が朝鮮戦争の引き金になったという国民的な記憶がある。軍事的な意味以上に、人々がこれほどアメリカナイズされているのだから、北朝鮮との宥和よりも米韓同盟を重視するのは目に見えていると思う。統一と米韓同盟を天秤《てんびん》にかけたら、おそらく米韓同盟を選ぶのではないか。それほど、韓国にとってアメリカとの同盟は決定的に重要だ。日米同盟が日本の安全保障にとって最重要であるのと同じである。その点でも、やはり韓国は日本と似ている。

朝鮮半島情勢は今後、統一、あるいはどちらか一方による全面的な武力侵攻といった根本的な情勢変化は起こりにくいのではないだろうか。現在の分断状態は、ある意味で安定しているからである。北朝鮮がロシアと接近している状況を新たな危機のように報じるメディアもあるが、冷戦期を思い起こせばなんのことはない。北朝鮮が韓国を「第一の敵対国」と位置づけたというのも、考えてみれば当たり前の話だ。北朝鮮と韓国にとって、お互いはずっと「第一の敵対国」である。それは今に始まったことではない。朝鮮戦争以来、70年以上の歴史がある。

あまりにリアリズム（現実主義）に偏った「冷戦的思考」と言われそうだが、朝鮮半島の南北対決の構図は冷戦期から変化していない。今後も続くだろう。「冷戦」という思考様式自体が、朝鮮戦争をきっかけに生み出されたという学説も近年出現している（益田肇『人びとのなかの冷戦世界』岩波書店、2021年)。

激しい米中対立、ロシアのウクライナ侵攻、中東での軍事衝突という新たな現実が存在することも確かだ。だが、朝鮮半島をめぐっては、朝鮮戦争以来の「冷戦的思考」がいまだ有力である。中国と台湾の関係も含めて、東アジアに住む我々はまだ「冷戦的世界」に住んでいるのである。

日米韓「安全保障枠組み」の強化はなぜ必要か

朝鮮戦争の休戦(1953年)以来、北朝鮮と韓国は全面的な戦争はしていない。ある意味では、70年間、北朝鮮と韓国の全面戦争は抑止されてきたといえる。朝鮮半島の「長い平和」(ジョン・ルイス・ギャディス『ロング・ピース』芦書房、2003年)と呼んでもいい。

では、日米韓はこのような安全保障環境のもと、どのように行動すればよいか。話は簡単で、北朝鮮がいくら「問題児」であっても、日米韓は北朝鮮の敵対的行動を抑止できるように、これまで通り防衛力を強化していくしかない。

僕は、尹錫悦《ユンソンニョル》大統領と岸田文雄首相のリーダーシップのもとで進んだ日韓関係の改善は歓迎すべきことだと考えている。アメリカも加えて、日米韓の安全保障枠組みも強化されつつある。大枠では正しい方向に向かっていると思う。

北朝鮮の現体制を容認しながら統一を目指す宥和政策、つまり文在寅前大統領の外交政策は悪しき理想主義（E．H．カー『危機の二十年』岩波文庫、２０１１年）だったと言わざるを得ない。文在寅が金正恩に文字通り抱きついてアツい抱擁を交わしても、何も事態は変わらなかった。そのことは記憶に留めておくべきだろう。

日米韓の安全保障枠組みを強化し、北朝鮮を封じ込め、その敵対的行動を抑止していくこと。「朝鮮半島の統一」という究極の理想からはしばし遠ざかっても、「第二の朝鮮戦争」という悪夢を避けることが「lesser evil（まだまし）」だ。それが東アジアの国際政治を考えるうえでの「大人の知恵」だと思う。

僕の意見は、現状をただ追認しているだけのように見えるかもしれない。ものすごく平凡だともいえるし、「保守的だ」と批判する人もいるだろう。日韓の現政権が進める外交政策を支持するのは在日コリアンの中では珍しい方だと思う。在日コリアンのなかにはリベラルな人が多いからだ（姜尚中氏がわかりやすい例である）。

でも、これが、僕が1年間の韓国留学を通して得た、嘘偽りない、正直な結論である。

充実していた研究環境

高麗大学では「亜細亜問題研究院」という研究所に所属していた。残念だったのは、他に訪問研究員がほとんどいなかったことだ。1年の間に、アメリカからの夫婦が2カ月ほど滞在しただけであった。デスクが5つ並んだオフィスを僕一人で使っていた。広々として贅沢ではあったが、他の研究員との交流が全くなかった。

ただ、研究環境としては、これ以上ないほど充実したものだった。高麗大学を選んでよかった。図書館は充実していた。日本からの資料も多く所蔵しており、研究に役立った。研究はよく進んだ。博士論文のメインとなる部分の半分を書き上げた。

高麗大学図書館のウェブサイトから英語論文をダウンロードできたのは助かった。僕が日本で所属する大阪公立大学大学院では、英語論文をほとんどダウンロードできない。大学がそもそもデータベースを契約していないのだ。予算不足で、日本の国公立大学では英語論文を自由にダウンロードできない。このような状況は「知的ガラパゴス化」をより一層進めることになる。日本の大学は危機的な状況だ。

もう一つ言及しておかなければならないのは、ソウルの物価の高さだ。大阪よりも高い。僕が確保できた月20万円の生活費のなかから、住居費、食費、携帯料金、書籍費を出した。20万円では足りない月もあった。懐具合はギリギリだった。安い食堂を見つけ、そこでキンパを食べる毎日だった。次に来るときはもっと金銭的余裕を持って来たいと思う。

ひたすら論文や資料を読み込む毎日

1年を振り返ると、語学学校で過ごした最初の半年間は韓国語の勉強に費やした。後半の半年は博士論文のための研究に没頭した。ストイックに研究に打ち込んだ。ただ、研究で使う主な言語は日本語と英語である。英語論文から理論を学んで、日本語の資料を分析する毎日だった。そこに韓国語はあまり入ってこなかった。

僕の研究テーマは、関東大震災をめぐる市民運動の歴史だ。韓国にはもっと研究が存在するのかと思っていたが、ほとんどなかった。必然的に、研究の中では韓国語を使う機会は多くなかった。これは意外な結果だった。

普段の生活は、家と大学の単純な往復になりがちだった。ご飯を一人で済ますことも多かった。朝10時から夕方6時頃まで研究をして、適当に夜ご飯を済ませるというのが、ここ半年間の典型的な一日だった。

ひたすら論文や資料を読み込むという作業は疲れる。夕方から街にくり出すような体力は残っていなかった。山積みにされた論文や本を前にすると、遊びに出かける気持ちは湧いてこなかった。研究を前に進めることだけを考えていた。

駆け出しの若手研究者なので、こういう味気のない生活になるのは仕方ない。他の研究者と交流しようにも、書いた論文がなければお話にならない。高麗大学でお世話になった李炯植教授からは、「研究者は論文の文章でコミュニケーションするんですよ」と教わった。研究者間のコミュニケーションの土台となるような論文を出せるよう、この1年間必死に書き続けた。おかげで日本語での研究成果はある程度出せた。韓国語・英語で論文を出すことができれば、韓国や英語圏の研究者ともコミュニケーションができるようになるはずだ。いまは、韓国語・英語でも論文を出せるよう準備を進めている。

次に韓国に来るチャンスがあれば、韓国でしか研究できないテーマをあらかじめ見つけて来たい。いまは、米韓関係をもっと深く知りたいと思っているので、博士号を取得した後はこのテーマで研究することになると思う。

僕が韓国に再び住むことはあるのだろうか。それはまだ全くわからない。もっと長期で住んでみたいような気もするし、韓国生活で荒れた肌に軟膏薬を塗っていると、もう住みたくない気持ちが湧いてくるのも正直なところだ。

そもそも、僕は3年後に住んでいる場所すらわからない一介の大学院生だ。いくつもの大学を渡り歩くような生活がしばらく続く。アメリカのプロスポーツ界でいうところの「ジャーニーマン」（旅人）のように、数年ごとに移籍を繰り返す日々になるだろう。

若手研究者がそういう生活になってしまうのは、今の日本、あるいは世界のアカデミア（学術界）の現状である。引っ越しが多いのは面倒だが、致し方ない。新たな環境に飛び込んでいくことは僕の思考と学問を鍛えることになるはずだ。

韓国での経験は、僕の人生観に少なからず影響を与えた。韓国生活のなかで起きたちょっとした出来事に深く考えさせられたり、出会った人々と語り合ったりする中で、韓国の良い面も悪い面も見ることができた。

僕の意見自体が世間的にはけっこう「保守寄り」であることもよくわかった。安全保障政策に関してはかなり現実主義的だし、現在の日韓の政権への評価もそうである。とはいえ、価値観の面では「Z世代」な面もある。「保守」か「リベラル」か、あるいは「右」か「左」かなんて、容易には分けられないのだ。

1年間の留学の成果というべきか、2024年4月から、大阪のとある私立大学で初級・中級レベルの韓国語を教えることになった。留学で得た経験を存分に伝えていきたいと思っている。

エピローグ

1年間の韓国留学が終わった。仕事をしていた頃の辛い思い出は遠くに過ぎ去り、頭は切り替わった。新しい韓国語で埋め尽くされた。韓国に行ってよかったと心底思う。新しい人生をスタートできた。

ソウルから戻り、あるドラマを見始めた。TBS系列で放送された『Eye Love You』である。このドラマは「日韓の新時代」を象徴するドラマだと思った。

ドラマの内容自体はファンタジー要素溢れるラブストーリーである。主人公の本宮侑里（二階堂ふみ）はチョコレート製品を販売する会社の若き社長。侑里はある事故をきっかけに、人の心の声が聞こえるようになる。ある日、侑里は韓国からの留学生、ユン・テオ（チェ・ジョンヒョプ）と出会う。テオは大学院に通いながら、インターンとして侑里の会社にやってきた。テオの心の声は韓国語のため、侑里には理解ができない。侑里に好意を持ったテオは積極的にアプローチしていく。

このドラマに熱中している友人の日本人女性たちに感想を聞いてみた。

31歳の会社員女性は「テオが上目遣いしたり、まっすぐ見つめたり、自分のかわいさをしっかり活かして相手をキュンとさせてくる」のにやられたという。この女性によると、日本人の男性が同じ愛情表現をしても「わざとらしい感じ」がするのだが、日本語が完璧ではない韓国人男性がすると「一生懸命」に見えるそうだ。

別の会社員女性（30）は旅行代理店の営業として8年間働いており、主人公の侑里に共感するのだという。侑里は若き社長で、日々の仕事のストレスも多い。そこに現れた年下男性は「癒し」になるのだと話してくれた。

最後に紹介したいのは、新聞記者の女性（27）の意見。感想を求めると、ＬＩＮＥで長文のメッセージを送ってくれた。

「相手役のチェ・ジョンヒョプは、韓国でも主演級の作品が少なく、日本ではあまり知られていないため、多くの視聴者が先入観なくドラマに没入できた。彼自身、視聴者に『かわいい』と思わせるチャーミングさがある。視聴者はドラマが進むにつれて主人公と同様にテオにハマってしまう。無邪気な姿を演じつつも、自然な落ち着きがあるのが見ていて心地良い。日本人ではあり得ないストレートな愛情表現でも、文化の違いを良いことに『胸キュン』に変換させるのがすごい」

働く女性の共感を集める若き社長と、恋に一生懸命でストレートな韓国人留学生。2人の関係は対等で、日本と韓国だからといって気負った感じは全くない。感性も似ている。相手の魅力に惹かれ合い、お互いを尊重し、優しくて、対等で、穏やかな関係をつくる。そんな2人の恋に、日本と韓国の新しい関係性を見た気がした。

日韓関係が一筋縄ではいかないことは百も承知である。だが、お互いの国に留学したり、観光で訪れる人が増えたり、はたまた日韓カップルが誕生したりするような現状は、長期的に見れば、必ず良好な関係につながっていくはずだ。ソウルへの留学を通して、そういうポジティブな展望を持つことができた。

韓国留学は終わったが、僕と韓国との関係が終わったわけではない。日本と韓国のはざまにいる僕の人生はこれからも続いていく。両国がより対等で、お互いに尊重し合えるような関係になっていくさまを観察しながら、これからの人生を歩んでいきたいと思っている。

ここで、僕が影響を受けた本を紹介したい。四方田犬彦『われらが他者なる韓国』(平凡社ライブラリー、2000年)と関川夏央『新装版ソウルの練習問題』(集英社文庫、2005年)である。どちらも1980年代の韓国に滞在した著者の実体験がいきいきと綴られている本だ。僕は、この2冊を何度も読み返しては、「いつか韓国に長期滞在してこのような本を書きたい」と夢見ていた。2冊の名著には及ばないだろうが、今回の出版でその夢がかなった。


最後に、本書に関わってくれた人々への感謝を述べたい。

ニュースサイト「JBpress」での連載を担当してくれた編集者、鶴岡弘之さんは、僕の企画書を読んですぐに返信をくださり、連載を決めてくれた。ワニブックスの編集者、大井隆義さんはその連載を読んでくださり、出版を持ちかけてくださった。この二人がいなければ、この本はありえなかった。心から感謝しています。

日本と韓国でいつも仲良くしてくれる友人たち。友人たちとの会話のなかで原稿のアイデアがふくらんでいった。何より、日韓関係は政府同士の関係だけではないということを、身をもって教えてくれた。これからも仲良くしてくれたら嬉しい。

連載を読んでくれた読者の皆さん。僕の「ファミリーヒストリー」や個人的な実感を綴った記事をよく読んでくださった。反響も大きく、驚かされた。皆さんのポジティブな反応がなければ、連載を走り切ることはできなかった。本当にありがたかった。

いつも僕のことを応援し、心からのエールを送ってくれる両親、きょうだい、そして妻に（第2章に登場した「彼女」は2024年3月に妻になった）。この本の出版は、少しは恩返しになるだろうか。僕とその家族に、より大きな幸せがもたらされることを祈っている。いつもありがとう。

最後に、この本を読んでくれる読者のみなさまに。

本を手に取ってくださり、ありがとうございます。本というものは、読者があって初めて成立するものです。どのような読み方をしてもらってもかまいません。自分の「弱さ」も含めて、僕の実感を率直に綴ったつもりです。日本と韓国のはざまに生きる在日コリアンという存在を少しでも知っていただけたら本望です。そして、この本の感想をご友人とお話していただけたら一番嬉しいです。あなたとこの本の出会いが幸せなものでありますように。心から願っています。

※本書はＪＢＰｒｅｓｓ連載「等身大の韓国留学記」を大幅に加筆・修正したものです。

在日コリアンが韓国に留学したら

２０２４年10月25日　初版発行
２０２４年12月10日　２版発行

著者　韓　光勲

韓　光勲（はん　かんふん）
１９９２年大阪市生まれ。在日コリアン3世。２０１６年、大阪大学法学部卒業。２０１９年、大阪大学大学院国際公共政策研究科博士前期課程修了。２０１９年4月から２０２２年7月まで、毎日新聞で記者として働く。２０２３年3月から約1年間、韓国で留学生活を送った。現在、大阪公立大学大学院文学研究科博士後期課程に在籍。日本学術振興会特別研究員（ＤＣ１）。専門は社会学、朝鮮半島地域研究。２０１９年、大阪大学大学院国際公共政策研究科優秀論文賞受賞。２０２０年、スマートニュースアワード２０２０報道部門ベストコンテンツ賞受賞。ＪＢｐｒｅｓｓ、ＣＩＮＲＡ、『放送レポート』、『抗路』等で記事を執筆している。

発行者　髙橋明男
発行所　株式会社ワニブックス
〒１５０－８４８２
東京都渋谷区恵比寿４－４－９えびす大黒ビル
ワニブックスＨＰ　http://www.wani.co.jp/
（お問い合わせはメールで受け付けております。
ＨＰより「お問い合わせ」へお進みください）
※内容によりましてはお答えできない場合がございます

装丁　小口翔平＋稲吉宏紀（tobufune）
フォーマット　橘田浩志（アティック）
カバーイラスト　朝野ペコ
校正　東京出版サービスセンター
編集　大井隆義（ワニブックス）

印刷所　ＴＯＰＰＡＮクロレ株式会社
ＤＴＰ　株式会社　三協美術
製本所　ナショナル製本

ISBN 978-4-8470-6707-5
WANI BOOKOUT　http://www.wanibookout.com/
WANI BOOKS NewsCrunch　https://wanibooks-newscrunch.com/